El cine político militante en la Argentina (1966-1976)

El cine político militante en la Argentina (1966-1976)

Roberto Daniel Bracco

libros en red

www.librosenred.com

Dirección General: Marcelo Perazolo
Diseño de cubierta: Stefanie Sancassano
Diagramación de interiores: Julieta L. Mariatti

Primera edición en español - Impresión bajo demanda

ISBN: 978-1-62915-005-5

Para encargar más copias de este libro o conocer otros libros de esta colección visite www.librosenred.com

Dedicatorias

Mis mayores agradecimientos son para mi familia: mi esposa Carina y mi hijo Roberto, que siempre me alentaron a mejorar mi formación y sacrificaron tiempos por compartir y horas que no les pude dedicar. También a mis padres que siempre me hicieron tomar conciencia del valor del estudio y la preparación intelectual. A la profesora María Isabel De Souza y el profesor Carlos Sánchez que me enseñaron a valorar la importancia del juicio crítico y a reflexionar sobre el sentido y fundamento de la Historia. De igual manera el agradecimiento para personas que ya no están y que me dejaron mucho, como mi abuelo, mi padrino, el Doctor en Historia Ciro René Lafón, la doctora en Historia Martha Etchegaray y el Profesor Carlos Mora.

Colaboraciones

Este trabajo comenzó a gestarse cuando en el año 1996 cursando el cuarto año del profesorado en Historia en el I.F.D.N° 41 el profesor Catenazzi de Historia Latinoamericana del siglo XX proyectó uno de los filmes documentales emblemáticos de Raymundo Gleyzer: "México: La revolución congelada" despertando mi interés por saber más acerca de la trayectoria de estos cineastas y fundamentalmente sus obras.

Posteriormente y con motivo de cursar en la Universidad del Centro la licenciatura en Historia en el seminario que cursé en el año 2004 con la profesora Spinelli: "La cultura política en la argentina de la década del sesenta y setenta" intenté profundizar esta inquietud. Para ello pude tomar contacto con una variada y rica bibliografía que me permitió tener una aproximación más cercana al contexto histórico en el cual estos cineastas se formaron.

Por otra parte, en lo que respecta a la historia del cine, no hubiera sido posible ahondar en la misma, sin la colaboración en los inicios del material aportado por la biblioteca popular de Adrogué, que me brindó una bibliografía general sobre la historia del cine, entre ellas las obras de Sadoul sobre la historia del cine mundial y los artículos publicados por Callistro, Rosado y Maranghelo sobre cine argentino.

Por otro lado, el haber cursado Fundamentos de la investigación Histórica Y Metodología de la investigación histórica con el profesor Pasolini me aportó las herramientas fundamentales para poder llevar a cabo una investigación de mayor calibre. Especialmente para poder contar con un panorama historiográfico que me permitió hacer una elección sobre que enfoque de ese amplio universo era el que consideré más adecuado para este tipo de trabajo, y también porque me permitió ordenar la investigación llevando a cabo un plan de trabajo coherente.

Llegando a la formulación de la Tesina, la colaboración brindada por el profesor tutor Ricardo Pasolini que me guió con orientaciones y me brindó material muy valioso para mi investigación. Como ser los artículos de la doctora Lusnich y de Mariano Mestam, además de aconsejarme la consulta de los trabajos de la historiadora Clara Kriguer que resultaron ser muy pertinentes para la temática abordada.

También conté con la colaboración de mi esposa Carina Zattera, que además de ser mi compañera, por ser profesora de historia me ayudó a conseguir algunos de los videos en formato DVD que me permitieron analizar algunas de las películas.

Finalmente los aportes muy valiosos brindados por la Biblioteca de Cine del INCAIC y su personal siempre atento a mis requisitorias, aportándome una serie de documentos de suma importancia para la viabilidad de mi trabajo, como ser la selección de documentos compilada por Mariano Mestman, las obras de Clara Kriguer, los trabajo de Solanas, Getino Vellegia y de Fernando Peña.

Cine politico militante en la Argentina (1966-1976)

El tema de mi propuesta de investigación se refiere al desarrollo de "el cine político en los años '70". Mi propósito es poder conocer más un tema poco difundido y cuya bibliografía es escasa. Asimismo mi propuesta es abrir un campo de investigación que, obviamente deberá ser completado con indagaciones más profundas y profusas.

Los interrogantes que me planteo son los siguientes ¿coincidió la emergencia de este cine con las inquietudes de la juventud movilizada? En caso de ser afirmativo: ¿En que grado? Otro fuerte interrogante es ¿qué propósitos perseguía dicho cine? el cual me lleva a otro: ¿Qué aportó este cine como propuesta para los nuevos realizadores? La temática que voy a abordar es el desarrollo del cine político clandestino en el periodo 1966-1976 este recorte coincide con la irrupción de este tipo de cine en nuestro país (de la mano de la mega realización de Solanas y Getino "La hora de los Hornos") y su declinación que se inicia en la etapa final del peronismo y tiene su triste consecuencia con el golpe militar en 1976 a partir del cual los altos niveles de represión y persecución política impiden la continuidad de estos emprendimientos.

Por otra parte, conviene aclarar que lo que aquí se estudia es el desarrollo de este cine en función de su imbricación en el particular contexto político, social y cultural nacional e internacional que se vivía en los años sesenta y setenta, por lo tanto no se procura realizar un análisis estético de las realizaciones ya que eso corresponde a la crítica cinematográfica, sino la correspondencia entre un tipo específico de cine y las pasiones políticas de ese contexto, no siendo objeto de esta investigación el cine denominado comercial.

Finalmente el tema abordado se centra en las realizaciones que tuvieron lugar en nuestro país, y solo se mencionan (sin desarrollarlos en profundidad debido a que exceden los alcances de este trabajo) para ilustrar sus raíces históricas las obras cinematográficas mundiales que tuvieron que ver con el génesis de este tipo de cine, como también se nombran a otros realizadores latinoamericanos que compartieron una posición ética e ideológica con los cineastas argentino en un contexto que los acercaba.

Las razones por las cuales consideré importante este tema, de carácter exploratorio se sustentan en la necesidad de ampliar mas integralmente el conocimiento de aquella generación tan comprometida en el deseo (equivocado o no) de transformar la realidad, sobre todo, esos sectores de clase media intelectual que tomaron una muy fuerte opción política, que los llevó en muchos casos a una trágica muerte. El arte en este caso, no ha sido ajeno a la violenta lucha política en que se encontraba el mundo en general y la Argentina en particular.

Otra razón de mucho peso, pasa por determinar en que rol se ubicaba este arte dentro de la cosmovisión de estos realizadores considerando la influencia intelectual que pudieron haber tenido y como los hechos que ocurrían en el ámbito internacional y local repercutían en la adopción y consolidación de una postura ideológica definida.

Otra cuestión que considero interesante es establecer la relación que puede existir entre el arte y las masas. En el caso de nuestro país, partiendo de la certeza de que la clase obrera era masivamente peronista, procuro indagar acerca del grado de inserción e influencia que puede tener el cine en la creación de una determinada conciencia política.

Finalmente, poder conocer a otra generación que no pensaba de la misma forma que lo hacían las que la antecedieron, ni tampoco sus contemporáneos. Una generación con una postura ética y estética definida.

En síntesis, busco aportar solo una investigación, ya de antemano, condenada a ser inconcluyente, solo pretendo abrir un camino para que el conocimiento sobre aquella experiencia cinematográfica se profundice y amplíe.

Debido a la carencia absoluta de trabajos realizados por historiadores sobre el tema especifico que estoy abordando, me encuentro con investigaciones que solo mencionan tangencialmente la cuestión del cine político militante o relatos testimoniales de gente ligada al cine que ha procurado rescatar del olvido aquella experiencia histórica.

Por tal razón no cuento con elementos como para poder comparar mi trabajo con otros de una índole similar. Por ser un trabajo pionero es esperable que surjan trabajos superadores y amplificadores de esta producción.

Entre los primeros, el aporte más importante corresponde al trabajo de Sergio Pujol "Rebeldes y modernos: una cultura de los jóvenes", pues esta obra traza un amplio panorama de la cultura de los años ′60 y ’70 y enmarcada en ese contexto podemos rastrear la evolución de los realizadores cinematográficos desde comienzos de los ′60 hasta la eclosión de fines de esa misma década y su acentuación continuada en los primeros años de la década siguiente, etapa en la cual se centrará mi investigación. Pero reitero es un trabajo que no está centrado en el cine político específicamente sino en demostrar como la opción de la militancia política fue solo una de las elecciones que podía realizar un joven de clase media en ese contexto.

En esa misma línea, rescato el trabajo de Matilde Ollier "La creencia y la pasión", dado que nos brinda testimonios que enriquecen el panorama formativo que radicalizó ideológicamente a algunos jóvenes y (a los efectos de mi trabajo) a los realizadores en particular.

Par tener una mayor precisión terminológica ha sido de gran ayuda las definiciones brindadas por el diccionario político de Carlos Bobbio. En ella he encontrado una pluralidad de definiciones sobre cultura política y cultura hegemónica que me han servido para poder darles un significado más certero.

En lo que respecta a trabajos realizados por los historiadores sobre el cine, si bien del periodo específico abordado (1966-1976) no se han hallado, sí resultaron de gran importancia las obras de Clara Kriguer:" Cine y peronismo. El Estado en escena" y también su aporte en el articulo publicado en el 2003 sobre el filme documental de Fernando Birri *Tire dié*. En ellos más allá de coincidencias y divergencias se pueden encontrar criterios de análisis documental, propios de la historiografía y que buscan revelar el carácter de documento histórico de estas realizaciones como una herramienta de suma importancia para analizar el complejo pasado reciente.

Desde el punto de vista de los cineastas, la obra de Octavio Getino y Susana Velleggia "El cine de las historias de la revolución" brinda un panorama completo de todo lo realizado en lo referente al cine político en Latinoamérica, en el cual se resalta la influencia de los cineastas cubanos (fundamentalmente de Tomás Gutierrez Alea) en la difusión de este tipo de cine hacia otros realizadores latinoamericanos.

También resultó un gran aporte el trabajo de Mariano Mestman "Mundo del trabajo, representación gremial e identidad obrera en "Los Traidores" (1973). En esta ponencia el autor aporta la intencionalidad que perseguía Gleyzer con el filme, el motivo por el cual en lugar de realizar un documental optó por un filme de carácter dramático y la contextualización de su realización.

Otro aporte de singular relevancia ha sido la ponencia de la Doctora Ana María Lusnich "La representación de los movimientos y rebeliones populares en el cine argentino: el fenómeno del Cordobazo" en el cual la autora realiza una investigación sobre cinco realizaciones fílmicas acerca de la protesta social generada en Córdoba en 1969, dos de ellos inmediatamente posteriores a los hechos mencionados como lo son "Ya es tiempo de violencia" de Enrique Juárez y la producción colectiva agrupada en doce cortos: "Córdoba: Los caminos de la liberación" y los tres posteriores realizados recientemente, ellos son "Tosco, grito de piedra" (1998), largometraje de Adrian Jaime y Daniel Ribetti, *Rebelión*(2004) de Federico Urioste y *el rastrojero, utopías de la argentina potencia* (2005). En el análisis de estas cinco realizaciones la autora busca encontrar las continuidades y rupturas entre los filmes de la época y los posteriores, como también las diferentes miradas, enfoques metodológicos, significaciones y objetivos que los realizadores pretendían lograr con estas producciones.

En lo que respecta a la historia del cine político argentino específicamente solo cuento con las obras de Fernando Martin Peña y Carlos Vallina *El Cine Quema* un trabajo biográfico sobre Raymundo Gleyzer y otro de los mismos autores sobre Jorge Cedrón. En el primero de ellos Gleyzer el realizador más destacado de uno de los dos grupos que conformaron el cine político clandestino de aquel entonces: el grupo Cine de la Base. Esta biografía es muy rica desde lo testimonial y claramente reivindicativa de gran parte de lo actuado por Gleyzer en aquel contexto aunque se esbozan algunas criticas por algunas posiciones extremas sostenidas por este y que se intensificaron en la última etapa de su vida. Por lo demás carece de un análisis más profundo y complejo de la cultura política que impregnó los valores de parte de esta generación por cuanto es una obra hecha por personas ligadas al cine y que pese a su ponderable esfuerzo dejan de lado un enfoque desde una perspectiva histórica más profunda. La misma reflexión es válida para el trabajo sobre Jorge Cedrón.

También he podido leer una obra ligada al otro grupo de cineastas, que se identificaban con el peronismo, concretamente al grupo Cine Liberación. Es el trabajo del también cineasta Octavio Getino "Cine argentino: entre lo posible y lo deseable". En él, si bien no se realiza un abordaje sobre la temática específica del cine político clandestino, el autor se ocupa del tema y se evidencia en Getino un intento por reivindicar todo lo actuado por el Grupo de "Cine Liberación" pero no se encara el tema ni desde una profundidad y espesura histórica ni tampoco se observa aún un esfuerzo por ver ese complejo proceso desde una perspectiva más analítica y menos apasionada.

En lo que respecta a documentos han aportada una valiosa información cualitativa y cuantitativa los apuntes de Fernando Birri acerca de Cine y Subdesarrollo, la Primera declaración del Grupo "Cine Liberación" (1968), como también la Declaración del Grupo "Cine de la Base"(1973), de igual modo el informe del Segundo Plenario de la Unidad Móvil de Rosario del Grupo "Cine Liberación", todos ellos nos aportan información que van desde la declaración de principios, fundamentos, objetivos, destinatarios, modos de exhibición y de obtención de financiamiento, proyectos, logros e información estadística acerca de cuantas personas presenciaban esas exhibiciones y datos cualitativos al expresar como eran sus reacciones y a que conclusiones se arribaban tras la realización del trabajo político.

En cuanto a los filmes que al estado actual de la investigación pude observar son los siguientes: Del grupo "Cine Liberación" pude ver *La hora de los hornos* de Fernando Solanas y de Octavio Getino, *Ya es tiempo de violencia* de Enrique Juárez, *El largo camino hacia la muerte del viejo Reales* de Vallejos, *Los hijos de Fierro* de Fernando Solanas una alegoría acerca de la lucha por la herencia del poder dejada por el General Perón tras su muerte. *Operación masacre* de Jorge Cedrón y finalmente el documental filmado en el exilio que incluye un reportaje a Mario Firmenich también de Jorge Cedrón *Resistir* (1978).

Por otra parte solo he podido observar alguno de los cortos de la producción colectiva *Córdoba los caminos de la liberación.* En cuanto al grupo "Cine de la Base" pude observar el filme *Los Traidores* (1973) de Raymundo Gleyzer, el documental contrainformativo *Ni olvido ni perdón* y también de ese mismo tenor *Me matan si no trabajo y si trabajo me matan* ambos realizados por Raymundo Gleyzer, ya en el exilio de Jorge Denti y Nerio Barberis *Las tres A son las tres armas.* Quedando pendiente de observar realizaciones como los filmes *El Familiar* de Octavio Getino y el documental *Las vacas* sagradas producida por el realizador del grupo Cine de la Base en su exilio cubano Jorge Giannoni.

Partiendo de este vacío analítico procuro con este trabajo abordar la complejidad de la Historia Política Argentina y específicamente del cine político desde un enfoque donde cobra particular importancia el rescate de las historias personales y su evolución ideológica hacia opciones cada vez mas comprometidas y radicalizadas priorizando el análisis cualitativo por sobre el cuantitativo, por cuanto aquí lo que interesa es hacer un seguimiento (que incluye la dimensión comparativa) del proceso más amplio de politización de los sectores medios urbanos en la Argentina de la década del ′60 y del `70

De este modo se impone internalizar el tipo de cultura política predominante en aquel contexto de una Argentina autoritaria, excluyente y corporativa y como la lógica de la violencia se fue apropiando de la conciencia de muchos jóvenes.

Para tal fin dispongo de un listado de realizaciones que agruparé en distintos géneros: Filmes y documentales (subdividiendo a estos en cortos y largometrajes). Estas distinciones no solo implican diferentes tipos de trabajos cinematográficos sino también porque su elección tenía una relación estrecha con el mensaje que se quería enviar y hacia quienes debía ir dirigido.

Por ende es de vital importancias el análisis crítico mediante la observación de la mayor cantidad de filmes de este género como también la lectura crítica de las repercusiones y comentarios que estos generaron. También cobran relevancia los testimonios de época y las visiones retrospectivas que evocan este peculiar modo de hacer cine. Tampoco se deben dejar de lado los indicadores cuantitativos: cantidad de filmes producidos durante los diferentes periodos analizados en este trabajo.

Parto de esta indagación para poder ratificar o rectificar la visión que tengo a priori de toda esta experiencia:

*Si el cine político tuvo una cierta llegada a quienes debían ser sus destinatarios (las masas obreras) este estuvo acotado al periodo de la denominada Revolución Argentina (1966-1973) retrocediendo posteriormente con el posterior retorno de la democracia.

*Si se llegó a un cierto grado de concientización de las masas obreras es probable que ese objetivo haya sido alcanzado por el grupo ligado al "Cine Liberación" identificado con el peronismo revolucionario, ya que las mayorías obreras eran peronistas y estos realizadores contaban con un apoyo logístico y financiero con el que el grupo "Cine de la Base" no contaba.

*Si bien, coincidían, tanto el grupo "Cine Liberación" como el de "Cine de la Base" en concientizar a las masas, sus objetivos diferían notoriamente en sus propósitos, por cuanto para los primeros el fin era en primer lugar reclutar militantes para combatir a la Dictadura y posibilitar el retorno de Perón y en segundo lugar una vez logrado esto favorecer la posición "entrista"de gente de la Tendencia Revolucionaria en el movimiento para reclamarle el poder a Perón. En tanto los que conformaban el Grupo del "Cine de la Base" ligados políticamente al PRT cuya expresión armada era el ERP de ideología Marxista estaban en contra del retorno de Perón por cuanto consideraban que el populismo demoraba la evolución de la clase obrera hacia el socialismo.

*Si el cine político tuvo influencia en las siguientes generaciones, estas lo han redefinido por cuanto el contexto actual es completamente diferente al de los sesenta y los setenta.

Para poder profundizar la investigación se procederá a analizar los contenidos de los filmes y documentales a los cuales se pueda acceder. La observación de este material es vital por cuanto es posible realizar un seguimiento de la evolución de esos contenidos en la medida en que se pasa del contexto de los sesenta a los setenta.

También se consultarán distintas fuentes de información y documentos en donde se encuentren comentarios de las realizaciones y testimonios de época de quienes protagonizaron este proceso. En el primer caso la dificultad radica en una doble limitación: poca disponibilidad del material y mala calidad del escaso existente, en el segundo de los casos la principal limitación es la subjetividad de la interpretaciones de quienes observaron esas películas y/o documentales.

De gran interés seria contar con datos cuantitativos que nos permitieran tener alguna noción de cuantas personas pudieron observar estos filmes sabiendo que por ser de carácter clandestino y no comercial sus posibilidades de difusión estaban claramente acotadas. De todas maneras, poco nos dirían del nivel de concientización alcanzado por las masas obreras datos que solo podrían obtener por medio de entrevistas o como afortunadamente pude contactarme con informes que brindan datos cuantitativos de las personas que presenciaban estas exhibiciones así como también los diferentes objetivos que se planteaban según al público al cual iban dirigidos.

Aunque sería deseable poder entrevistar al menos a algunos de los que presenciaron estas realizaciones. Esta opción también está seriamente acotada por el carácter anónimo de los espectadores amen que quizás muchos de ellos estén muertos o desaparecidos. De todos modos sería valioso poder rescatar algunos testimonios aunque no se logre una representatividad ideal de ese universo.

A pesar de todas estas limitaciones considero que el trabajo es factible por cuanto en la observación de filmes y documentales las mejoras en la tecnología del video están posibilitando una mayor calidad del material disponible. Por otra parte la tarea de reconstruir por medio de entrevistas orales las impresiones que pudieran tener aquellos que observaron es una tarea difícil pero no imposible requiere de ir en busca de la información y poder establecer contactos que permitan acceder a los entrevistados.

La tarea demandará una inversión más exigente en tiempo que en dinero por cuanto se requiere movilizarse para indagar donde se pueden obtener copias de cierta calidad de los filmes y lograr contactarse con los entrevistados. Los gastos si bien existen no son tan onerosos puesto que considero que algunos de los filmes se encuentran en precios accesibles. Por razones de tiempo será muy valiosa la utilización de Internet para agilizar la obtención de material y fuentes de información.

El trabajo estimo que tendrá tres momentos: en el primero de ellos (2 meses aproximadamente) se realizará un acopio de toda la información disponible.

El segundo momento (el mas extenso de 4 meses aproximadamente) se procederá al análisis, clasificación y selección del material a utilizar. El tercer momento estará destinado a la elaboración final del trabajo y el ordenamiento de la bibliografía utilizada.

Orden del trabajo

En una primera parte se va analizar el contexto histórico y cultural donde se formaron el grupo cineastas, que serán estudiados, tomando en cuenta el ámbito nacional e internacional.

En la segunda parte ya nos situaremos más específicamente en el tema planteado, centrando primero la indagación en la influencia que pudiera tener el cine mundial en la formación de hombres como Solanas, Getino, Gleyzer, Cedrón, Vallejos.

La tercera parte comenzará con un rastreo sobre la evolución del Cine Argentino desde fines de los años ´50, toda la década del ´60, hasta que estos realizadores y sus obras aparecen en la superficie a finales de la citada época, una vez realizada esta aproximación preliminar, la indagación se centrará en las realizaciones de estos autores en los primeros años de la década del ´70. Se buscará ahondar en las inquietudes ideológicas que promovían sus acciones, acompañando con los acontecimientos políticos que iban ocurriendo. También las divergencias y acuerdos que había entre ellos, sobre todo, en la posición que tomaban frente al peronismo.

Finalmente, y a modo de conclusión, luego de hacer un seguimiento sobre las vidas de estos realizadores, se intentarán buscar las continuidades y rupturas entre aquél cine y el que se realiza en la actualidad, para a partir de allí responder a las hipótesis oportunamente formuladas ratificándolas o rectificándolas.

Marco teórico

Los fundamentos que sustentan este trabajo están afirmados en las corrientes que podemos identificar como de la nueva historia cultural. Fundamentalmente tomo como referencia a autores como Stone, Iggers y Revel.

Este trabajo procura rescatar y reivindicar la importancia de la narrativa, su valor literario, sin por ello menospreciar el carácter científico de la investigación histórica.

De modo, que considero viable parafraseando a Stone contar una buena Historia que rescate lo vivido de una experiencia histórica reciente, sin por ello perder de vista el rigor investigativo que el trabajo histórico impone.

Tomando en cuenta las consideraciones de Revel sobre microhistoria y la importancia de rescatar una narrativa que nos permita la construcción de identidades sociales plurales y plásticas que se efectúe a través de una densa red de relaciones (de competencia, solidaridad, alianza etc.) [1].

A partir de los comportamientos de los individuos intentar reconstruir las modalidades de agregación o de desagregación social, haciendo hincapié en los aspectos relacionales que vinculan a los individuos.

Estas identidades, en el tema abordado son diversas porque involucra una pluralidad de actores, contextos y escenarios que complejizan la tarea de buscar regularidades y lograr

1 REVEL JACQUES: Microanálisis y construcción de lo social. Pág. 132.

una representatividad del universo investigado. Pero el hilo conductor que une a esas identidades diversas es una cultura política generalmente compartida.

Tomando la definición de Bobbio de Cultura Política podemos definirla como "el conjunto de actitudes, normas y creencias compartidas más o menos ampliamente por los miembros de una determinada unidad social y que tiene como objeto fenómenos políticos".[2]

En ese sentido la convergencia en una cultura política donde la pasión y la participación se terminarían matrimoniando con la violencia y la apología de la lucha armada, ponen de relieve un sentido común que incluían a amplias capas de los jóvenes de clase media.

Retomando el hilo de la narrativa histórica cobra relevancia para el presente trabajo la investigación de las historias de vida de los cineastas que conformaron el universo del cine político y el cine militante de ese periodo. Pero no en búsqueda de un determinismo en el destino de aquellos que se comprometieron con este tipo de cine sino que tomando la afirmado por Revel para que la biografía pueda ser releída "como un conjunto de tentativas, de opciones, de toma de posición frente a la incertidumbre" entendida esta incertidumbre como"un campo de posibilidades entre las que el actor histórico debió elegir". [3]

Esta situación nos refiere además al poder analizar una pluralidad de historias , atravesadas por el subjetivismo de los actores y el investigador, en donde no se renuncia a la búsqueda de la verdad histórica, pero sí se ofrece un camino posible, mas no único para desentrañarla.

Finalmente, siguiendo con los alcances de la nueva historia cultural, considero de suma importancia las definiciones que aporta Bobbio en torno a cultura hegemónica, por cuanto la

2 BOBBIO N, MATEUCCI N. y PASQUINO G.: Diccionario de política. Pág. 415.

3 REVEL JACQUES: Op. Cit. Pág. 142-143-

irrupción del cine militante en forma clandestina buscaba subvertir los valores del la cultura dominante en su intento de "armar racionalmente al militante".

De todas las definiciones dadas las que más se acercan a mi punto de vista son las brindadas por Trieppel quien subraya "la influencia particularmente fuerte que se ejerce sin el recurso directo de las armas y la fuerza y que por ello no carece de cierto fundamento de legitimidad. Superioridad basada en la eficacia moral, fundada en la tradición y en la historia". [4]

Pero mucho más se acerca a mi modo de ver y entender las cosas la definición del marxista italiano Gramsci que ve en la hegemonía, sobre todo" la capacidad de dirección intelectual y moral en virtud de la cual una clase dominante, o aspirante al dominio, logra acreditarse como guía legítimo, se constituye en clase dirigente y obtiene el consenso o la pasividad de la mayoría de la población ante las metas impresas a la vida social y política de un país". [5]

A esta definición le agregaría los aportes de Guinzburg, y su concepción de circularidad de la lucha por la hegemonía cultural, en la cual las culturas subalternas luchan, intercambian e intentan imponerse a la cultura dominante, y utilizan diferentes métodos para expresarse. La tarea del historiador en la nueva historia cultural es desentrañar entonces cuales eran los modos en que los sectores populares se expresaban y por ello considero que el cine militante, es para el periodo estudiado un documento histórico indispensable para rescatar aquellas experiencias de luchas populares.

---

4 BOBBIO N., MATEUCCI N. y PASQUINO G.: Op. Cit. Pág. 746.

5 BOBBIO N., MATEUCCI N. y PASQUINO G.: Ibidem. Pág. 747.

Introducción

El cine político de los años ´70: breve referencia al tema. En este estudio afrontaremos un tema que desde hace tiempo me preocupa: el cine político militante de los años ´70. En esta investigación indagaremos en torno a quienes protagonizaron la aparición de este tipo de cine, buscando comprender sus orígenes, su desarrollo, sus contradicciones, sus aportes, en síntesis una búsqueda de significar o de resignificar su importancia, inscripto en las pasiones y lógicas que predominaron en los últimos años de la década del ´60 y los primeros de la década del ´70.

El mundo de los sesenta: descolonización, guerra fría y tercer mundo

Para poder comprender las acciones y realizaciones de los cineastas que abordaremos a continuación es imprescindible conocer la atmósfera filosófica, política, social y cultural que les tocó vivir.

El universo de los sesenta es un cóctel explosivo que tiene como denominador común una enorme (al día de hoy parecería desmesurada) voluntad de transformación protagonizada por una juventud movilizada en una escala pocas veces vista antes y después del periodo.

Un mundo convertido por las dos grandes superpotencias (Estados Unidos y la Unión Soviética) en un tablero de ajedrez. En ese contexto los países del denominado "Tercer Mundo" intentaban emerger con pretensiones de autodeterminación. Estas pretensiones podemos corroborarlas con el proceso de descolonización desarrollado en Asia y África y por la lucha antiimperialista llevada a cabo por Cuba en América Latina.

Un mundo donde el débil podía derrotar al fuerte como se demostró en el fracaso norteamericano en Vietnam, y donde el modelo soviético stalinista iba perdiendo por completo el encanto que había encandilado a toda una generación de políticos e intelectuales.

En todas estas transformaciones "late" la guerra fría, que por mas que su segunda palabra atenúe los efectos de la primera, no por ello deja de mostrar una lógica predominante: la de la violencia; "a la violencia opresiva de los poderosos se debía oponer una respuesta de la misma índole".

Como bien señalan (desde perspectivas ideológicas contrapuestas) Floria [6] y Svampa[7]: la violencia tenía su propia racionalidad, tanto para aquellos que querían conservar el orden social vigente (enmarcado en la Doctrina de la Seguridad Nacional auspiciada por Estados Unidos), como de los que querían transformarlo (los militantes militarizados basados en conceptos que van desde el "foquismo" guerrillero, la guerrilla urbana, la guerra popular prolongada etc.) que tuvo inicialmente su fuente de inspiración en las luchas de descolonización y fundamentalmente a la Revolución cubana.

Un mundo cuyas expectativas de transformación eran alentadas por los intelectuales que como el caso de Sartre y de Fanon no dudaban en exhortar a la lucha armada como medio

---

6 FLORIA CARLOS. Militarización y violencia. Pág 37.

7 SVAMPA: "El populismo imposible y sus actores" (1973-1976). Pág. 366.

para destruir el orden social vigente y crear uno nuevo, en el cual los humildes obtendrían su redención.

En ese contexto no parecía haber lugar en América Latina para las opciones "tibias". El ejemplo de lucha y entrega (también de mesianismo) dado por las acciones revolucionarias de Ernesto"Che" Guevara signaron el camino de muchos jóvenes para quienes la violencia tendría un fin redentor: la liberación de América Latina del dominio imperialista y la creación de una sociedad mas justa e igualitaria.

Inmersa en ese contexto transformador, la Iglesia (institución conservadora por excelencia) no fue la excepción, primeramente con las encíclicas de Juan XXIII que prestan renovada atención a las cuestiones sociales, formulan críticas cada vez mas abiertas a los excesos del capitalismo (sin dejar de condenar al socialismo), las cuales se profundizaron durante el Papado de Pablo VI reflejado en su encíclica "Populorium progressio".

En Latinoamérica la renovación adquiría un vigor y una dinámica particular; surgiendo un grupo de sacerdotes inquietos por las cuestiones sociales, la denuncia del imperialismo norteamericano y de las clases dominantes a cargo de la "explotación" de los oprimidos, nos referimos a los obispos de la CELAM (Comisión Episcopal Latinoamericana) que liderada por el brasileño Helder Cámara dio impulso a la renovación doctrinaria e ideológica latinoamericana.

La radicalización de sus propuestas abarcó un amplio arco, incluyendo la minoritaria opción por la lucha armada personificada en Camilo Torres (el cura guerrillero). La mayoría de estos prelados, pese a su intento de buscar una síntesis entre el cristianismo y el marxismo, no tomaron la opción por la violencia, esto es particularmente notorio en caso de los integrantes del Movimiento de Sacerdotes del Tercer Mundo de Argentina, quienes pese a su adhesión a la "Teología de la Liberación" no comulgaron con la violencia de los grupos armados.

En un contexto en el que el llamamiento al protagonismo de los jóvenes, más que llamamiento era un mandato. Los jóvenes pertenecientes a las clases medias estaban educados y formados en la lectura de Sartre, Fanon, Marcusse y de Lacan que incentivaban la búsqueda de un compromiso político y social. Fanon lo había sentenciado en su libro "Los condenados de la tierra": "todo espectador es un cobarde o un traidor".

Esta opción por el protagonismo se fue acentuando en los últimos años de la década del ´60, con acontecimientos como "El Mayo Francés", "La Primavera de Praga" y los movimientos de protesta en Estados Unidos contra la guerra de Vietnam demostraban (mas allá de realidades, contextos y hasta objetivos muy diferentes a los de Latinoamérica) un profundo sentido de destino histórico y un nivel de cuestionamiento del capitalismo y del socialismo real desconocido anteriormente.

Mientras esto ocurría y se pensaba en el mundo, la Argentina, que no podía estar ajena a este "volcán" revolucionario de los años sesenta, tenía sus propios motivos para abonar la conceptualización de la realidad que impregnaría la conflictiva década. En efecto, nuestro país también conocía la polarización, que en la versión criolla, se traducía en peronismo y antiperonismo.

Una polarización que nace con la incorporación de las masas a la vida política y social de nuestro país en la década del cuarenta., y que, tras la caída del líder que polarizó a la sociedad argentina (Juan Domingo Perón) se exacerbó y por falta de una solución se perpetuó hasta 1973.

La irresolución del problema que planteaba que hacer con las masas peronistas y con el peronismo en sí, dejó en evidencia que esto solo podía solucionarse si se incorporaba a este movimiento y a su líder al juego electoral.

Las razones que no permitieron solucionar este problema se evidenciaban en que no podía incluirse al peronismo porque este había excluido a la oposición, pero tampoco podía ignorárselo porque peronistas eran la mayoría de las masas obreras y estas no iban a resignar de ninguna manera el sitial en que los había colocado el General Perón. Atravesaría entonces, nuestro país, dieciocho años en los cuales se ensayarían distintas soluciones a este dilema, pero todas ellas fracasaron, una tras otra.

Podríamos hablar de tres etapas que enmarcan otros tantos intentos de resolver la cuestión peronista:

La primera de ellas (luego del ensayo minoritario y fugaz de Lonardi y los militares nacionalistas de una especie de "peronismo sin Perón") fue un intento sistemático de "desperonizar" a la Argentina, desatando los anhelos revanchistas de los sectores altos y medios que habían vivido al peronismo como una pesadilla.

La persecución política, la intervención de los sindicatos y la represión fueron los signos característicos de esta etapa que podemos ubicar entre 1955 y 1958. La ilusión de que el movimiento peronista y su líder habían sido algo así como una enfermedad pasajera de la cual la sociedad convaleciente pronto se recuperaría, rápidamente se diluyeron y el "recuento globular de 1957" lo demostró claramente, como también el surgimiento de una resistencia peronista muy incipiente y pero, fundamentalmente, por los desacuerdos que ya se evidenciaban en la frágil alianza antiperonista.

Ese desacuerdo que inaugura una nueva etapa se evidencia en la convocatoria a las elecciones de 1958, en las cuales, si bien, el peronismo fue proscripto, el candidato ganador Arturo Frondizi no dudó en pactar con el odiado Perón, en un intento por integrar a las masas a su proyecto desarrollista.

Esta etapa se caracterizará por la proscripción, la anulación de elecciones y la búsqueda de incorporación selectiva de candidatos neoperonistas. En tanto las masas peronistas encontraron su principal canal de representación en los revigorizados sindicatos (quienes encarnaron las acciones de resistencia y se transformaron en un grupo de presión insoslayable en este periodo que podemos extender hasta 1966).

Este periodo se caracterizó por la defraudación de las expectativas de muchos de los sectores en pugna, fundamentalmente durante la presidencia de Frondizi. En efecto, Frondizi prontamente pagó alto precio a su victoria electoral. En primer lugar defraudó las expectativas de las masas peronistas dado que su proyecto desarrollista colisionaba con las pujas redistributivas de las masas obreras. Por ende, prontamente archivó sus promesas de mejoras salariales y se enfocó a la tarea de atraer las inversiones extranjeras para sustentar el programa desarrollista, hasta que, condicionado por la presión de las Fuerzas Armadas debió apelar a Ministros de economía que adherían a la ortodoxia liberal profundamente odiados por los peronistas.

Justamente las Fuerzas Armadas y los sectores conservadores también se vieron defraudados al comprobar el fracaso sistemático de los partidos políticos en general y de los gobiernos de Frondizi, Guido e Illia en particular de "disolver el peronismo en el amplio océano de los partidos políticos".

El clamoroso fracaso de Frondizi en las elecciones de 1962 demostró que la solución a la cuestión del peronismo no solo estaba lejos de encontrarse, sino que se agravaba y complejizaba con noticias que llegaban desde Centroamérica: la Revolución cubana catalizaba todos los temores de los sectores conservadores y de los militares sobre una posible confluencia entre el peronismo y comunismo, temor que irá creciendo conforme avanzaba la década y que motivó en algunos sectores militares e intelectuales la convicción de que solo ellos podrían solucionar la cuestión sin recurrir a la mediación de los partidos políticos.

Finalmente, otro de los sectores defraudados son los sectores de izquierda que confiaban en el Frondizi que en 1954 había escrito "Política y Petróleo" y que encabezaría la síntesis histórica que orientaría a las masas obreras hacia la izquierda. La práctica de gobierno frondicista defraudó por completo sus expectativas y generó la confluencia de los sectores de izquierda y la derecha en una conclusión: el peronismo no había sido un fenómeno pasatista, sino que llegó para quedarse, entonces deberían convivir con esa realidad y comenzar a aceptarla, aunque lógicamente con distintos objetivos y fines.

Los conflictos entre los sectores antiperonistas recrudecieron tras el fracaso de la experiencia frondicista, aún dentro de una misma institución (el caso del enfrentamiento entre "azules y colorados" en las Fuerzas Armadas) ya que el conflicto estaba dado en que ninguno de estos sectores tenían una respuesta efectiva a la cuestión del peronismo.

La débil institucionalidad que resurgió en 1963 con el triunfo del candidato de la UCRP Arturo Illia pronto se encontró con las tremendas limitaciones que generaba haber ganado con un caudal electoral muy pobre y sin respaldo de los grupos de presión que en el marco de la "Argentina corporativa" acosarían al gobierno sin darle tregua. Entre ellas la creciente influencia de los sindicatos dirigidos por Vandor, quién comenzó a pergeñar su proyecto de "peronismo sin Perón". Vandor, en efecto, se había convertido en el principal referente de las masas obreras peronistas, por su formidable capacidad de negociación y el poder económico que le confería el control de las obras sociales.

Perón, percibiendo el riesgo de autonomización del movimiento, e imposibilitado de retornar, delegó en su esposa Isabel y más aún en los poderosos enemigos que Vandor se había forjado en la conducción de la CGT la tarea de eliminar esa amenaza.

Nuevamente las elecciones en las que triunfaron los peronistas (1965) y el fin de la ilusión de un "peronismo sin Perón" que representaba Vandor motivaron la desilusión de los sectores conservadores y fundamentalmente de las Fuerzas Armadas que observando la incapacidad de los partidos políticos para solucionar la cuestión del peronismo se decidieron por la tan temida "autonomía militar".

Esta etapa (que se inaugura con el Golpe de Estado contra el gobierno de Illia realizado por una Junta Militar encabezada por Onganía) constituiría el último intento de resolución del problema que planteaba el peronismo: era una especie de "revival" desarrollista, pero ahora con un marcado sesgo autoritario que incluía la proscripción de la totalidad de los partidos políticos, de las actividades políticas, la represión a sindicatos y universidades. Todo ello justificado a los ojos de los militares y tecnócratas que respaldaban esta iniciativa en la convicción de que una vez logrados los objetivos del "tiempo económico", llegarían sucesivamente el "tiempo social" y el "tiempo político".

Este intento parecía estar coronado por el éxito hasta 1969, el marco de tranquilidad política, social y económica parecía demostrar que finalmente el objetivo se había logrado. Pero justamente 1969 marca el límite de sus alcances, comenzando un lento pero firme retroceso de las Fuerzas Armadas y la búsqueda de una institucionalidad que esta vez, no podría dejar de lado ni al peronismo como movimiento ni al líder que lo dirigía (Juan Domingo Perón).

Pero el contexto de la etapa final de los ′60 y principios del ′70 eran muchos mas complejo aún que los últimos años de la década del ′50 y principios del ′60. En efecto, el surgimiento de un sindicalismo combativo en el Interior (particularmente en Córdoba), el afloramiento de organizaciones guerrilleras cada vez mas audaces y violentas que (para agravar el cuadro) eran alentadas por el líder exiliado y el despertar de su letargo de los partidos políticos (con los cuales Perón, al acercarse, desarrolló una segunda estrategia paralela para desestabilizar a las Fuerzas Armadas) complicaban el panorama.

Ante esta compleja realidad, la visión del General Lanusse permitió que el retiro y el fracaso de las Fuerzas Armadas fuera menos completo y desordenado de lo que habría sido de mantener una posición intransigente. Pese a sus intentos de bloquear la candidatura de Perón, Lanusse era demasiado conciente de la necesidad de que su odiado rival retornara para pacificar los ánimos y desactivar a la guerrilla que acosaba sin tregua al gobierno militar.

Tras el triunfo de Cámpora en las elecciones presidenciales de 1973 se concretó el inexorable reencuentro de Perón con las masas, pero su ánimo pacificador muy pronto se encontró desbaratado por los conflictos internos derivados del enfrentamiento entre las juventudes que desbordaban con sus demandas y propuestas los marcos populistas con que Perón había delimitado su movimiento y la derecha peronista que pronto ocupó las posiciones estratégicas en el gobierno y comenzó a dirigir una lucha focalizada hacia el ala política de la izquierda peronista.

La sangrienta masacre de Ezeiza (ya en el marco del gobierno peronista de Cámpora) fue el inicio de una escalada de violencia en la que paulatinamente recrudeció la militarización de las organizaciones armadas, en tanto paradójicamente las Fuerzas Armadas se politizaban y se mantenían en un discreto segundo plano a la espera del desgaste que generaría la lucha entre las distintas facciones. Ese desgaste se aceleró con la muerte de Perón (1974), en ese contexto el espiral de violencia creció a límites insospechados, mientras el gobierno esperpéntico de Isabel Perón perdía la brújula política y económica del país.

Los dos últimos años de su gobierno fueron un triste prólogo y crearon el consenso (que va desde la extrema derecha, sigue por la mayoría de los partidos políticos y llega a las organizaciones guerrilleras) de que el golpe militar era el resultado lógico para un gobierno que había perdido definitivamente el rumbo sellando el fracaso de las tentativas de institucionalización del país.

Ahora bien, este fracaso afectó a buena parte de una clase media preferentemente antiperonista que ante la evidencia de no poder soslayar el "hecho peronista" comenzó a replantearse su relación conflictiva con este masivo movimiento.

Dentro de esta clase media, una fracción de la misma identificada con la izquierda había vivido una larga serie de desengaños respecto a las ilusiones de "desperonización" que había alimentado la autodenominada "Revolución Libertadora". De modo que su posición conforme los hechos que ocurrían en América y el mundo en los años ´60 frente al peronismo (no así ante Perón) fue modificándose progresivamente y del enfrentamiento irreductible se fue acercando a una posición **"entrista"** en un movimiento que (se descontaba) era la única plataforma para conquistar el poder.

Dentro de estos sectores había muchos jóvenes que no habían vivido al peronismo como gobierno por una razón generacional y habían crecido escuchando las diatribas que sus padres proferían ante este movimiento de masas, y sí habían visto al peronismo como resistencia, la persecución que se desató en contra de sus simpatizantes y que tomo forma de proscripción política, encarcelamiento de sus principales dirigentes, fusilamientos sumarios, y todos los tipos de represalias imaginables.

El panorama se complejizaba, en cuanto más se avanza en la década del ´60, porque cuando más nos acercamos a la década siguiente, más claras parecían las posibilidades de la izquierda de vencer. El triunfo de la Revolución argelina y la heroica resistencia del pueblo vietnamita, el comienzo de acciones guerrilleras en distintos países latinoamericanos, parecía darle la razón entre aquellos que buscaban una síntesis que integrara las propuestas del marxismo con las del nacionalismo y que se concretizaba en el surgimiento de Movimientos de Liberación Nacional.

Obviamente, no todos los sectores medios intelectuales compartían este brutal viraje de adhesión al peronismo, y un sector minoritario, mantuvo sus posiciones clasistas, confiando en un futuro desengaño de las masas obreras con ese movimiento de masas para luego captarlas a su favor-

Pero sí, todos compartían esa convicción de que la realidad podía y debía ser transformada y para ello se debía actuar. Como señala Matilde Ollier, se fue pasando entonces por diferentes estados de conciencia revolucionaria pasando por la radicalización ideológica y llegando en muchos casos a la radicalización política.

Debe aclararse, sin embargo, que solo nos referimos a un sector de la juventud, porque, aún en una época donde la política formaba parte de la vida privada y pública de las personas, en un grado que hoy ni se sospecha, otros grupos de jóvenes se mantenía al margen de estos conflictos o preferían las opciones "pacifistas" encarnadas por el movimiento "Hippie" y el Rock.

En síntesis, era parte de una juventud enfervorizada y harta del autoritarismo, de un país dominado por las corporaciones (Fuerzas Armadas, la iglesia, los sindicatos y los empresarios) y donde primaba la razón de la fuerza. Estas corporaciones no deberían escapar a estas transformaciones.

Esa vocación transformadora los llevó a una lógica (no exenta de mesianismo) en donde el movimiento obrero era la "vanguardia revolucionaria" que había que captar, despojando a al conducción sindical, a la que la juventud revolucionaria juzgaba burocrática, corrupta y mafiosa, ignorando si (como señala James) esa era la visión que tenía la clase obrera de aquella.

Los asesinatos de líderes sindicales también debe ser entendidos en una lógica maquiavélica que envolvió a las organizaciones armadas (especialmente a Montoneros) y al líder invocado en el exilio: el General Perón que, en su juego pendular que apuntaba a acosar sin respiro a las Fuerzas Armadas alternaba la bendición de las acciones llevadas a cabo por la guerrilla y la búsqueda de acuerdos con los partidos políticos.

Además, las organizaciones juveniles y los sectores del sindicalismo combativo le permitían al viejo caudillo mantener encuadrado en su movimiento a sectores que, de otra manera, podía virar, hacia otras alternativas (el "cordobazo" y el "rosariazo" encendieron la alarma).

Por otra parte, los sectores dirigentes de las organizaciones armadas pretendían heredar la conducción del movimiento, a la espera del "trasvasamiento generacional" que Perón invocaba, y no repararían en métodos, circunstancias y contextos para lograrlo.

En síntesis, Argentina había estado viviendo una "larvada guerra civil" y esta comenzó a desatarse a fines de la década del ´60 en un contexto mucho más complejo que comenzó a dejar en evidencia el anacronismo de la antinomia peronismo-antiperonismo.

Génesis del cine político

El cine político tuvo un origen que puede rastrearse en las realizaciones de los países europeos, fundamentalmente el cine soviético, el francés y el inglés. Pero, por sobre todas las cosas, el que tuvo más influencia en América Latina en general y en la Argentina en particular fue el Neorrealismo italiano, que se gestó en los años finales de la Segunda Guerra Mundial y que tiene a Rosellini como uno de los máximos exponentes.

Cuando utilizamos el concepto de cine político, no estamos soslayando que cualquier tipo de cine está imbuido de ideología, pero solo el tipo de cine que aquí se aborda toma la cuestión política como temática central y con objetivos que van más allá de una producción artística.

En ese sentido algunas características del Neorrealismo abonan esta afirmación: el retrato de gente de "pueblo", la utilización de actores no profesionales, la búsqueda de unir el cine-ficción con la realidad (el "cine verdad") son rasgos que marcarán a realizadores argentinos como Fernando Birri, el cual, a su vez, influirá (junto con otros) a una nueva generación de cineastas.

No obstante, aquellos precursores italianos fueron perdiendo impulso conforme la industria de Holliwood copaba el mercado europeo y, a la vez, comprometía y condicionaba las posibilidades de estos realizadores.

Por otra parte este cine, mas allá de denunciar las injusticias del sistema capitalista, lo hacía desde la utilización de su misma lógica mercantilista y con su mismo lenguaje. De modo que bien pronto este tipo de cine comenzó a mostrar sus limitaciones, que le impedían ir mas allá de un simple cuestionamiento pasivo de la realidad.

La influencia en los años ′60 de intelectuales como Sartre y como Gramsci, plantearon un cuestionamiento que debería ir mucho más allá de la denuncia para participar decididamente en la transformación de una sociedad capitalista a una de orden socialista.

En términos cinematográficos el concepto de la **"deconstrucción"** cuyo significado era que: para destruir el orden capitalista y fundar uno nuevo, debían no solo transformarse las relaciones sociales de producción, sino toda la superestructura que lo legitima y esto solo podía hacerse destruyendo ese orden y creando un nuevo lenguaje, una nueva estética y una nueva ética.

El contexto de esta época, se ve fuertemente cruzado de una "crisis de la conciencia burguesa" la cual afectó a las nuevas generaciones que expresaban cada vez mas radicalmente su insatisfacción por el orden heredado de las generaciones precedentes. Dentro de esa atmósfera, la **"deconstrucción"** en el cine acompañó el proceso de movilizaciones juveniles en Francia, Estados Unidos y Checoslovaquia.

La **"deconstrucción"** tenía una clara vocación marxista materialista, pero podía servir a proyectos idealistas. También han existido y existen muchas tendencias que alcanzan esa **"deconstrucción"** en un equivalente del método bretchiano y que busca hacer pasar al espectador de una fascinación mistificada, a una actitud activa de comprensión[8] (8) .Sus principales exponentes eran Buñuel, Bresson y Lossey. En el caso de Buñuel, sobre todo, en su etapa mexicana [9].

---

8 SADOUL GEORGES: Historia del cine mundial (puesta al día Tomás Perez Tourrent) Siglo Veintiuno Editores. 1972. México. Págs. 503-504.

9 Ibidem. Pág. 512.

No obstante, este cine tampoco pudo romper el marco de dependencia del cine comercial y, por lo tanto, el mensaje "movilizador y "concientizador" ya estaba condenado de antemano: el poderío del cine como expresión de una industria capitalista, impedía a los realizadores que (por carecer de medios) debían condicionar sus mensajes para poder seguir filmando[10] .

No obstante, en América Latina, conforme avanzaba en la década la "ola contestataria" y el despertar de una conciencia de la necesidad de obtener la liberación del continente, permitió el surgimiento de una serie de cineastas que iban mucho más allá de la denuncia y el cuestionamiento, para ser partícipes de esa misma lucha.

En efecto, los años sesenta parecían dar crédito a las aspiraciones utópicas de la juventud mas rebelde: la Revolución Cubana, el ejemplo de lucha y compromiso de Ernesto "Che" Guevara en Bolivia, la agitación universitaria, las movilizaciones obreras y campesinas, la expresión en la literatura de un"boom" latinoamericano permitían esperar con verosimilitud que esta región iba camino hacia la construcción de su propia identidad.

En términos cinematográficos, entonces, se imponía redescubrir América, dejando de lado aquellos relatos costumbristas de "tarjeta postal" para el consumo turístico y mostrar esa "América Latina real" inmersa en ese volcán revolucionario de los años sesenta.

Entonces, no sería extraño, que aparecieran en todo el continente nuevos realizadores postulando la necesidad de un "nuevo cine", que se inscriba dentro de las luchas populares latinoamericanas y se constituyera en una herramienta de concientización para su liberación.

El cine pionero en documentar la revolución no podía ser otro que el cine cubano, que sobre todo en la figura de

10 Ibidem. Pág. 570-578.

Gutierrez Alea se ocupaba de publicitar el régimen socialista de la Isla y ponderar sus logros.

Tomando este ejemplo en la segunda mitad de la década del ´60 surgen el"Cine Novo" en Brasil, el grupo "Ukamau" en Bolivia, en Uruguay la "Cinemateca" y también en Chile Miguel Littín a través de Chile Films lideraban un proceso que, pese a importantes diferencias en la experiencia de cada país, intentaban hacerse partícipes del proceso de transformación que ellos creían inexorable en el continente[11]. E n ese sentido cobran particular relieve los festivales de Cine de Viña del Mar (Chile) de 1967 y 1969 como también el de Pesaro (Italia) 1968. Lugares de encuentro e intercambio de cineastas militantes que en el caso de Viña Del Mar reunían a aquellos provenientes de América Latina y en el caso de Pesaro de todo el mundo.

De modo que fueron surgiendo un verdadero enjambre de realizaciones latinoamericanas de ese tenor , fundamentalmente la propiciadas por el cine cubano, chileno brasileño y argentino.

Más allá de la postura autodeterminativa y anticolonialista que sostienen estos realizadores, los mismos reconocen influencias no solo del neorrealismo italiano, sino también de La Nouvelle Vague del francés Godart y sobre todo del cineasta sueco Joris Ivens, quizás el principal referente de estos realizadores.

---

11 CALLISTRO MARIANO: Aspectos del nuevo cine (1957-1968).En Historia del cine argentino (autores varios).Centro Editor de América Latina. 1984. Pág. 114.

El cine político argentino: desde *Tire die* hasta *La hora de los hornos* (1959-1966)

El cine argentino de fines de la década del cincuenta estaba dejando una etapa de aislamiento y manejo político discrecional del peronismo en la actividad cinematográfica.

Atrás quedaba el cine de la etapa peronista, muy prolífica en cantidad de películas, en su mayoría de dudosa calidad, y que mostraban una imagen "pintoresquista" en el mejor de los casos de nuestro país. Era un cine conservador, que se esmeraba por mostrar una Argentina opulenta con mansiones, teléfonos blancos, donde la pobreza brillaba por su ausencia. Solo se abordaron cuestione sociales en filmes como por ejemplo podemos citar la película *Cuando las aguas bajan turbias* de Hugo Del Carril. Otra excepción puede ser el filme de Mario Soficci *Prisioneros de la tierra.*

En ese sentido pese a que se pondera el aporte de la historiadora Clara Kriguer en una visión que complejiza y aporta muchos matices nuevos a esta postura crítica de las realizaciones hechas durante este periodo, la misma no logra una representatividad del universo de las producciones cinematográficas de la época, a la vez que su análisis por ser mucho más integral no hace una distinción que para el periodo que se aborda en este trabajo es fundamental: El cine ficcional en el cual la visión política está implícita, el cine declaradamente político y el cine militante, este último ausente por completo durante los primeros dos gobiernos peronistas.

De todos modos es sumamente interesante destacar como la autora relaciona en las películas de carácter ficcional, sobre todo en aquellas que se abordan temas policiales o que refieren directa o indirectamente a la función de las instituciones estatales y su presencia e influencia en el logro de constituir una comunidad organizada armónica en donde los conflictos sociales desaparecen bajo el ala protectora del Estado.

Menos éxito tiene en demostrar si las motivaciones e intencionalidades ideológicas de las películas tenían que ver con imposiciones (puesto que era el Estado y por su medio el gobierno peronista en la figura del Subsecretario de información y prensa Raúl Alejandro Apold quién regulaba los fondos que se destinaban al cine)[12] o con guiños de parte de los realizadores por la ayuda recibida , o si en definitiva se trataba de un consenso más o menos implícito hacia los lineamientos generales de esa política por parte de los realizadores.

Tras el derrocamiento de Perón, la situación gradualmente fue cambiando, permitiendo el ingreso de películas extranjeras (lo cual generó no pocos conflictos) en una proporción mucho mayor que la admitida antes del régimen depuesto. Hubo mayor libertad para los realizadores y también una posibilidad de enriquecimiento que permitía esta apertura al cine extranjero con el aporte de otras experiencias extranjeras.

A partir de 1957 comenzó una lenta reactivación de la actividad cinematográfica, reflejado en la cantidad de películas filmadas por año, promediando cerca de las treinta entre 1957 y 1967 [13]. Entre esa cantidad de producciones, podemos encontrar realizaciones de diversa calidad y diferentes connotaciones. A los fines de la investigación que nos ocupa, sobresalen las obras pioneras de Fernando Birri *(Tire die* y *los inundados*) que tratan sobre la marginalidad, la pobreza y

12 KRIGUER CLARA: Cine y peronismo. El Estado en escena. Buenos Aires. Siglo XXI. 2009. Pág. 58.

13 CALLISTRO MARIANO: Op Cit. Pág 122.

pone en evidencia la existencia de sectores antes olvidados por nuestro cine.

En *Tire Dié* (obra precursora en su temática, la cual luego abordaría el nuevo cine latinoamericano) podemos ver en carácter de una encuesta social filmada cuya finalidad era "generar conciencia en una colectividad local y nacional en su mayor parte indiferente o en el mejor de los casos engañada o desengañada".[14]

En el inicio del documental se nota el tono sarcástico hacia el cine documental tradicional, por cuanto a la par que se van mostrando imágenes de pobreza e indigencia, una voz en "off "va leyendo datos estadísticos incoherentes que exaltan el consumismo urbano y que contrastan violentamente con esa realidad de marginalidad. Específicamente el autor lo ejemplifica con la barriada pobre y marginal que se extiende a ambos lados de la vía del tren que une Santa Fe con Rosario y Buenos Aires atravesado por el bajo Río Salado.

El nombre del título del documental *Tire Dié* hace referencia a una tarea infantil que los lugareños llaman "ir al tire dié" y que consiste en correr al lado del tren que a esa altura avanza lentamente por un extenso puente, para pedirles a los pasajeros que arrojen por las ventanillas monedas de diez céntimos.[15]

Luego el documental se orienta a indagar a través de los testimonios de esos niños y sus familias del destino dado a ese dinero, del tipo de trabajo que realizan estas familias para sobrevivir, los problemas que sobrevienen con el abandono del colegio y la evaluación que hacen ellos mismos de la realidad que les toca vivir.

Durante la realización el documental Birri intentó desarrollar un dialogo con la comunidad que pretendió

14 KRIGUER CLARA: "Tire dié". En el cine documental de América Latina. Paulo Paranagua Ed. Cátedra Madrid. 2003. Pág. 290.

15 SILVA ESCOBAR JUAN PABLO: El nuevo cine argentino en los años sesenta. Ideología y utopía del cine como arma revolucionaria. En revista chilena de antropología visual. N° 17. Santiago. Julio 2011. Pág. 4

retratar. Así por ejemplo, una primera versión fue mostrada a diferentes audiencias y la edición la edición final incorporó diversas sugerencias. La cinta también fue exhibida con un rudimentario equipo móvil montado en un viejo camión, anticipándose al cine móvil que se utilizaría en Cuba unos años más tarde.[16]

En la parte final, la cámara está ubicada dentro del tren y subjetivamente convierte a los espectadores en pasajeros. De ahí que el documental no sea tan solo una denuncia de las dramáticas condiciones de vida de un grupo de familias, sino que a través de los recursos cinematográficos (planos, montajes, sonido etc.) persigue involucrarnos en una situación social que busca retratar.

Así, la película se interna en nuestra conciencia y nos invita a reconocernos en nuestra "existencia burguesa" A través de las imágenes que retratan el interior de los vagones poblados tanto de pasajeros indiferentes como de asombrados, de los que tiran monedas, de los que se lamentan exclamando "pobrecitos", y de los que pontifican "esta gente vive así porque no quiere trabajar".

En este sentido, la película responde a la concepción de Birri acerca de la función del cine, que en algún momento "deja de ser solo cine para ser para ser política, para ser militancia". Poniéndose al servicio de los problemas sociales y profundizando la apelación al público se constituye en el primer paso hacia el Cine Político que se desarrollará en el país.[17].

El hecho que lo demuestra es que parte de este corto, luego sería utilizado por otros filmes militantes, por cineastas que se declaraban admiradores y a la vez superadores del cine de Birri como el caso de Solanas y Getino en su largometraje *La Hora de los Hornos*.

---

16 KING JOHN. El carrete mágico: Historia del cine latinoaméricano. Tercer Mundo Editores. BOGOTÁ. Pág. 128.

17 KRIGUER CLARA: "Tire dié". Págs. 290-291.

En *los inundados* se hace referencia al olvido en que quedan las personas del Litoral ante un fenómeno recurrente y no por ello evitado por los sucesivos gobiernos indiferentes y negligentes ante la problemática de las inundaciones.

En lo que respecta a *Los Inundados* en palabras de Clara Kriguer podemos decir que: "La principal originalidad de los inundados es la fusión entre una materia documental, frecuentemente presente en el cuadro, y un argumento de resorte cómico, expresado en un ritmo que otorga pausas y tiempo para la descripción (...)".

Puede decirse que Fernando Birri adopta dos actitudes: una ideológica, la de acercarse al pueblo en busca de lo popular; la otra cinematográfica consiste en partir del documental para construir una poética de naturaleza indudablemente argumental, que no pretende confundir, al espectador sino de conquistarlo. (...).[18]

A estos argumentos de Kriguer puedo agregar que los dos brindados estaban indisolublemente ligados puesto que una está íntimamente vinculado con el otro, vale decir que si Birri procuraba acercarse al pueblo y sus problemas, primero debería conquistarlos desde una realización cinematográfica que los expresara y los representara, más allá que ellos no fueran los únicos destinatarios de estos filmes, pero sí los que más le interesaban.

En lo que respecta a Fernando Birri debe destacarse su carácter precursor en el impulso de un nuevo cine, luego de una experiencia en Italia que le permitió tomar contacto con las problemáticas abordadas por el Neorrealismo italiano, regresó a la Argentina convencido de idear una práctica cinematográfica que gestionara, produjera y exhibiera de forma independiente a la cinematografía industrial. Apuntando en esa dirección fundó el Instituto de Cinematografía de la Universidad del Litoral (luego Escuela de Cine Documental de Santa Fe)

18 Ibidem. Pág. 188-189

En donde estudiarían alumnos que luego participarían de la experiencia del "Tercer Cine" en el periodo posterior.

En 1962 el golpe militar contra el gobierno de Frondizi, generó un mayor hostigamiento hacia hombres pertenecientes a la izquierda intelectual, por tal razón Birri optó por abandonar su cargo en la Universidad del Litoral e instalarse en Brasil donde trabajó con miembros del "Cinema Novo", permaneció en ese país hasta 1964, año en que se produce el golpe militar, luego se trasladó en Italia, para radicarse en Cuba, donde dirigió la Escuela Internacional de Cine San Antonio de los Baños.

También los filmes del chileno Lautaro Murúa *Shunko* y *Alias gardelito* nos muestran la marginalidad rural sufrida por un alumno con su maestro en Santiago del Estero en el primero, y la marginalidad urbana y su sordidez en el segundo. Lautaro Murúa luego participaría en uno de los filmes del cine militante de los años setenta. Simón Feldman en *El negoción* denuncia la corrupción económica y política. Estos tres realizadores son precursores en nuestro país, en el afán de demostrar la "realidad" del país, sobre todo Birri, influido por el Neorrealismo italiano, busca retratar en personas marginales "de pueblo" la vida y la lucha de estos seres ignorados tanto tiempo por nuestro cine.

Acerca de las necesidades del cine latinoamericano en general y del cine argentino en particular Birri expresaba:

"Un cine que los desarrolle. Un cine que les de conciencia, toma de conciencia, que los esclarezca; que fortalezca la conciencia revolucionaria de aquellos que ya la tienen; que los fervorice; que inquiete, preocupe ,asuste, debilite, a los que tienen "mala conciencia", conciencia reaccionaria; que defina perfiles nacionales, latinoamericanos; que sea autentico; que sea antioligárquico y antiburgués en el orden nacional y anticolonial y antiimperialista en el orden internacional; que sea propueblo y contra antipueblo; que ayude a emerger del subdesarrollo al desarrollo, del subestomago al estomago, de la subcultura la cultura, de la subfelicidad a la felicidad, de la subvida a la vida" [19].

Hombres como Fernando Birri encontraban inspiración en aquellos cineastas italianos, realizadores que como se manejan con un bajo presupuesto y filman fuera de los estudios, deben utilizar todas sus capacidades e imaginación para dar calidad a su obra. Este era el denominado "Cine de Autor". Profundamente individualistas, jamás reconocerán afinidades ideológicas con sus compañeros de generación [20].

Para finales de la década del sesenta la actividad de la mayoría de estos realizadores había decaído o daban muestra del desgaste de una época que exigía compromisos cada vez mayores.

19 MESTMAN MARIANO: "A cuarenta años de La Hora de Los Horno Raros e inéditos del Grupo "Cine Liberación". En sociedad. Prometeo libros. Facultad de Ciencias Sociales U.B.A. Edición 2008. Pág. 259.

20 CALLISTRO MARIANO: Op.cit. Pág. 122.

IRRUPCIÓN DEL "TERCER CINE": DE *LA HORA DE LOS HORNOS* HASTA *LOS TRAIDORES* (1968-1973)

El cine declaradamente político se manifiesta en 1966, cuando con el apoyo de Perón en el exilio los realizadores Fernando Solanas y Octavio Getino filmarán *La hora de los hornos* de la cual ellos dicen:

"En la realización se conjugaron todos los recursos técnicos, económicos y humanos con que cuenta el movimiento ya que se trata de un trabajo militante y, obviamente no es comercial. El Grupo Cine Liberación pretende ser el brazo cinematográfico del General Perón".[21] .

El Grupo Cine Liberación se presenta como representante de un denominado Tercer Cine: definiendo como Primer Cine, el cine burgués y funcional a los intereses de las clases dominantes, el cual tuvo su predominio en la Argentina desde los orígenes del cine en nuestro país hasta fines de la década del cincuenta.

Posteriormente con la aparición de hombres como Fernando Birri y sus alumnos de la Escuela de Cine de Santa Fé , también de Lautaro Murúa y Simón Feldman entre otros, surgen los representantes del denominado cine de autor que siguiendo la interpretación de una evolución histórica del cine argentino comienzan a denunciar las injusticias del orden

21 ROSADO MIGUEL ANGEL: "Entre la libertad y la censura" (1968-1983). En Historia del cine argentino (autores varios). Centro Editor de América Latina. 1984. Pág. 148.

social testimoniando sus contradicciones expresadas en la exposición de las miserias de las capas populares y el carácter neocolonial de las relaciones político-económicas de los países desarrollados hacia las naciones subdesarrolladas.

De todos modos los integrantes del "Tercer Cine" consideran que el error que cometieron realizadores como Birri, Murùa y Feldman fue el querer competir e imponerse a el cine comercial, propósito para el cual lo único que lograron fue quedar "atrapados dentro de la fortaleza" del Cine que representaba los intereses de la clase dominante, al cual terminarían por ser funcional. [22]

Desde punto de vista de los integrantes del "Tercer Cine" esta era una visión ingenua por cuanto la única manera de derrotar al cine capitalista neocolonial era cuando las fuerzas revolucionarias tomaran el poder.

Entonces ¿Cuál sería la función del "Tercer Cine"?: "La de testimoniar y contribuir a profundizar concientizando e impulsando el protagonismo de las clases populares en la lógica de la guerra popular prolongada".[23] (23) No es casual que estos cineastas lo denominen también como "Cine Guerrilla" por cuanto procuraban realizar un trabajo político conjunto y complementario con las organizaciones guerrilleras tendientes a fortalecerlas y nutrirla de militantes.

Asimismo, en el caso del Grupo "Cine Liberación" procuraban reforzar la vigencia de la imagen de Perón y la figura icónica de Eva Duarte para posibilitar el retorno del viejo caudillo, no obstante la definición "Cine Militante" entendida como la expresión superior del "Tercer Cine" no alcanzaría una cierta precisión terminológica hasta 1971.

Por último es inevitable la asociación de la denominación de "Tercer Cine" con la doctrina que originariamente había propugnado Perón de la "Tercera Posición" luego refrendada

22 MESTMAN MARIANO: Op. Cit. Pág.273.

23 MESTMAN MARIANO: Ibidem. Pág. 61.

internacionalmente por la organización de las naciones del Tercer mundo y el movimiento de Países no Alineados, por cuanto el "Tercer Cine" sería la síntesis crítica superadora del Primer y Segundo Cine y posibilitaría el advenimiento de un cine independiente de los imperialismos para las masas, pero de calidad y contenido.

Su visión del problema de la dependencia para las naciones subdesarrolladas, el rol que le compete a los intelectuales en general y a los cineastas en particular como también el tipo de público que debería captar este tipo de cine, se ponían de manifiesto en la primera declaración del Grupo "Cine Liberación" en 1968:

"El pueblo de un país neocolonizado como el nuestro, no es dueño de la tierra que pisa, ni de las ideas que lo envuelven, no es suya la cultura dominante, al contrario: la padece. Solo posee su conciencia nacional, su capacidad de subversión. La rebelión en su mayor manifestación de cultura. El único papel válido que cabe al intelectual, al artista, es su incorporación a esa rebelión testimoniándola y profundizándola. Un cine que surja y sirva a las luchas antiimperialistas no está destinado a espectadores de cine, sino ante todo, a los formidables actores de esta revolución continental. No pretende más que ser útil al combate contra el opresor" [24]

La hora de los hornos

Este filme, larga duración (cuatro horas y veinte minutos) trata sobre la realidad Argentina desde la llegada de Perón al poder en 1946, su caída y luego la "resistencia peronista". El filme incluye documentales y fragmentos de cortos y un reportaje final al General Perón. Prohibida su exhibición por el gobierno de Onganía, se mostró clandestinamente en sindicatos, casas de familia, villas, fábricas y recibiría premios internacionales.

24 MESTMAN MARIANO: Ibidem. Pág.263.

El filme documental se divide en tres partes: La primera denominada Neocolonialismo y Violencia (duración 95 minutos y se subdivide en trece capítulos) hace un diagnóstico revisionista de la situación histórica, social y económica del país y es a la vez un ensayo critico del comportamiento social de los sectores altos argentinos completamente alienados y alineados con el Imperialismo, como también de algunos sectores de la intelectualidad Argentina a quienes cuestionan su cosmopolitismo, su esnobismo y su escaso compromiso con la cuestión social y nacional. En síntesis busca diagnosticar las causas de la dependencia y el subdesarrollo de nuestro país.

La segunda parte denominada Acto para la Liberación (duración 120 minutos) se subdivide en dos grandes momentos: *Crónica del peronismo*" y *Crónica de la resistencia*.

Concebida como un filme-acto y dedicada al proletariado peronista testimonia los años de la historia más reciente del país partiendo desde el hecho fundacional del peronismo: El 17 de octubre de 1945 y el periodo de los gobiernos de Perón desde un enfoque critico de lo que los directores del filme consideran fueron los limites que por su carácter populista tuvo el peronismo, no quedando exentas de esas críticas las actitudes dubitativas que a juzgar por los directores tuvo Perón en no reprimir con mayor firmeza los levantamientos previos al golpe de Septiembre de 1955: es decir el levantamiento de 1951 y el bombardeo de junio de 1955, de tal manera que en lugar de encarcelar a los golpistas debía haberlos fusilado.

Este error que le señalan los Directores del filme es admitido por Perón en el transcurso del mismo cuando en una entrevista se le preguntó porque no actuó con más firmeza ante los golpistas, él admitió que procedió equivocadamente porque no hizo una lectura correcta de lo que posteriormente ocurriría en el país, de tal manera que luego de más de diez años de su derrocamiento (en el concepto de Perón) los golpistas no han hecho otra cosa que destruir los logros que su gobierno había obtenido.

Posteriormente en la segunda parte que documenta la "resistencia peronista" el filme recaba testimonios de todos aquellos que desde su puesto de lucha formaron parte de ella, entre ellos el relato de Julio Troxler sobreviviente de los fusilamientos de José León Suárez (1956) , como también entrevistas a dirigentes sindicales, y a protagonistas de hechos que constituyen hitos de lucha de la "resistencia peronista", como ser la toma del frigorífico Lisandro De La Torre (1959), el surgimiento del Comando Uturunco en Tucumán (1959), las acciones de huelga y toma de fábricas durante los gobiernos de Guido y de Illia.

Finalmente la tercer parte denominada *Violencia y Liberación* (duración cuarenta y cinco minutos) es en la que el discurso se radicaliza y la opción por la violencia es más fuertemente exaltada, Partiendo del presupuesto de que ningún poder se suicida y que va a luchar hasta las últimas consecuencias para mantenerlo, se presenta al enemigo: el imperialismo norteamericano y sus alianzas con los ejércitos neocolonialistas latinoamericanos que, se denuncia en el filme, ya están recibiendo entrenamiento militar para reprimir la ola de creciente protesta social que estaba surgiendo en América Latina.

Es por ello que los autores toman los ejemplos de Vietnam, Cuba y Argelia para aseverar que al imperialismo se lo puede vencer, pero que hay que prepararse para una guerra popular prolongada y que para ello hay que concienciar a las masas para el combate (en el filme se proyectan escenas de adiestramiento militar de guerrilleros africanos). En síntesis el extenso filme concluye que a la violencia y autoritarismo que propugna el imperialismo se debe oponer una respuesta aun más violenta de las fuerzas revolucionarias corporizada en el surgimiento de las guerrillas latinoamericanas.

La hora de los hornos FOR EXPORT

La repercusión que tuvo en el exterior *La Hora de los Hornos* fue dispar, ya que pese a ser premiada internacionalmente, en la muestra de Pesaro Italia en 1968, los sectores intelectuales europeos ligados a la izquierda tradicional la consideraron un "panfleto peronista", movimiento que, a los ojos de estos sectores era una encarnación del fascismo en su versión criolla, sobre todo denostaron la segunda y tercera parte del filme. (Ver ref. 23).

Para los españoles, por ejemplo resultaba muy dudoso el supuesto carácter revolucionario del peronismo y se preguntaban como un movimiento representado por las figuras de Juan Domingo Perón y Eva Duarte que había ayudado a sobrevivir a un gobierno tan reaccionario como de del General Franco en los años cuarenta, ahora sacaba credenciales de revolucionario y socialista.

En cambio un sector más minoritario de la intelectualidad de izquierda europea lo recibió con una disposición diferente asumiendo estos sectores que habían estado interpretando la realidad latinoamericana y específicamente argentina desde una óptica deformada por una visión estereotipada y eurocéntrica.

En tanto el movimiento obrero europeo, sobre todo el francés e italiano, menos pendiente de las disquisiciones intelectuales, tomó partes del filme para realizar trabajos de concientización política, sobre todo episodios de la Resistencia Peronista que tenían que ver con la toma de fábricas [25]. Este dato llama la atención , sobre todo en Francia, considerada el epicentro de las vanguardias revolucionarias, dado que fue en París donde acaeció el famoso Mayo Francés de 1968,no obstante, el movimiento obrero francés recurría a un material argentino para concienciar a sus trabajadores.

---

25 MESTMAN MARIANO: Ibidem. Pág.

Este extenso documental es a mi leal saber y entender la obra más lograda de Grupo Cine Liberación en los que respecta a su valor político, sin entrar en disquisiciones esteticistas y de crítica literaria, la obra tiene una elocuencia y una contundencia en su poder de convencimiento notable. Ha sido precursora y pionera no solo en Latinoamérica en este tipo de realizaciones, y sin caer en chauvinismos nacionalistas que lejos estoy de ponderar considero que mas allá de los acuerdos y / o observaciones ideológicas que uno le pueda hacer a la obra, revela la capacidad creativa argentina, más puesta en evidencia en el trabajo individual que en el colectivo.

La gran debilidad del filme a mi juicio es ideológica y concierne fundamentalmente a la realidad social nuestro país, cuando se habla del hambre y la pobreza en Argentina, esta no era en modo alguno equiparable a la situación del resto de los países latinoamericanos, los indicadores sociales de nuestro país eran muy superiores a los de estos países y la base del conflicto en la Argentina tenía una naturaleza más política que social. Aquí se descubre esa tendencia de los sectores medios intelectuales de hablar en nombre de los pobres y arrogarse mesiánicamente su representación.

Fatrac: cultura militante

En tanto otro grupo de cineastas ligados al P.R.T (Partido Revolucionario de los Trabajadores) junto con otros referentes culturales e intelectuales conformarían en 1968 el FATRAC (Frente Antiimperialista de los Trabajadores de la Cultura), este frente perduró hasta 1971 y lo conformaron entre otros los miembros del grupo " Cine de La Base" encabezado por Raymundo Gleyzer, Libre Teatro Libre, con exponentes como María Escudero, escritores y periodistas como Nicolás Casulla,

Haroldo Conti, Humberto Constantini, psicoanalistas, músicos, etc.

El FATRAC puso en cuestión el rol de los artistas e intelectuales en las luchas populares y concibieron que el arte debería ser una herramienta de lucha para la liberación de los oprimidos y además convertirse en órgano de difusión de las organizaciones armadas que actuaban en la clandestinidad, así lo expresa el fragmento de un documento del FATRAC de 1971:

"FATRAC, como organismo de trabajo político en el sector de la cultura, intenta llevar a ese sector las expresiones ideológicas, políticas y estratégicas de los organismos que han comenzado en Argentina el proceso político-militar de la guerra popular revolucionaria, y se parte de la conciencia de que miembros de este sector tienen mucho que aportar a dicho proceso, pueden hacerlo y quieren hacerlo, uniendo sus esfuerzos al proletariado y sectores populares,[...]"Para quienes coincidan con sus propuestas ideológicas, políticas y estratégicas, FATRAC ofrece un ámbito organizativo capaz de posibilitar esa conjunción de tareas que presenta, para el trabajo dentro y fuera del sector específico de la cultura, para quienes no puedan hacerlo en su totalidad o tengan diferencias, dentro de la revolución, también el ofrecimiento de hacer juntos hasta el punto que sea posible".[26].

Y finalizaba este documento con un claro llamado al compromiso militante:

"Por una cultura militante por una militancia combatiente"

FATRAC- Buenos Aires, Octubre de 1971

Las razones de la no continuidad del FATRAC deben buscarse en diferentes razones, tales como que muchos de sus integrantes no pudieron tolerar las exigencias de un mayor

---

26 FATRAC: Cultura militante. En extracto de Revista "Lucha Armada". Año 1. Nº 4. Septiembre/Octubre/Noviembre/2005. Pàg. 32. Por Ana Longoni

compromiso que desembocaría inexorablemente (pese a las presuntas alternativas que este frente preveía para los que no estaban del todo decididos como se trasluce en el documento de 1971) en la lucha armada.

De modo que las deserciones de militantes culturales pudieron ir disgregando el frente. También en la obra de Peña y Valiña *El Cine Quema* se pueden observar testimonios de Raymundo Gleyzer criticando la visión miope de la dirigencia del P.R.T en no respaldar las acciones de concientización cultural que podría llevar el FATRAC, dado que dicha organización priorizaba cada vez más las acciones militares (26). Sobre este aspecto, cabe destacar que uno de los dirigentes del ERP Luis Mattini formuló en la citada obra de Peña y Valiña una autocrítica respecto a estas flaquezas de la Organización político-militar.[27]

Por último el aumento de los niveles de represión, primero efectuadas por las Fuerzas Armadas en retirada y luego por la organización paramilitar Triple "A" fueron creando un clima de miedo sobre aquellos militantes que trabajaban en la superficie debiendo recluirse en la clandestinidad más absoluta, o partiendo hacia el exilio (en caso de no caer bajo las balas de la represión).

CÓRDOBA: *LOS CAMINOS DE LA LIBERACIÓN*

Las prácticas autoritarias no eran nuevas en el país, más bien formaban parte de la trama violenta en que la sociedad Argentina había ingresado y que se acentuaban a finales de esta década, dicha trama no era abjurada por estos realizadores, que tras la protesta social que estalló contra la política económica del gobierno de Onganía en Córdoba (el "Cordobazo de 1969) Producirían un trabajo colectivo: *Córdoba. Los caminos de la liberación.*

27 Ibidem. Pág. 33.

En esta serie de cortometrajes, los cineastas aportarían una realización en la cual ellos tenía libertad para abordarla de la manera que quisiesen. Esta producción colectiva fue titulada *Córdoba 1969: los caminos de la liberación* y procuró reflejar la idea de que el "Cordobazo" constituía un hito histórico en las movilizaciones populares y que este suceso tenia claramente una connotación prerrevolucionaria. Se trata de un filme heterodoxo compuesto por diez cortometrajes realizados por nueve directores procedentes de diferentes extracciones políticas y tendencias cinematográficas: Nemesio Juarez, Octavio Getino, Humberto Rios, Mauricio Berù, Rodolfo Kuhn, Pablo Szir, Eliseo Subiela, Rubén Salguero y Jorge Martin (Catú).

Todos estos autores desde la pluralidad de sus miradas y con diferentes recursos estilísticos, confluyen en aquello que José Luis Romero llamó la "lógica de la agregación". Entendida esta como la sumatoria de actores sociales de signo heterogéneo pero con una finalidad unitaria: la legitimación reciproca en un escenario social conformado en el sentido común de estar asistiendo a una verdadera "primavera de los pueblos" que lejos de haber llegado a su cima se profundizará hasta llegar a su clímax en 1973.[28]

Mas allá de la variedad de los enfoques y su forma de presentación en todos los cortos se produce el juego entre el registro documental y lo ficcional, la lectura paródica y dramática de los acontecimientos históricos y la impronta subjetiva que cada uno de ellos le imprime. Luego el filme, sí da cuenta de diversas variantes expresivas: como las vinculadas a lo informativo (Getino), la ficción (Szir), lo pedagógico militante (Subiela), el discurso irónico (Kuhn) o el teorema (Juarez). Esta verdadera compilación documental ofrecía

28 LUSNICH ANA MARÍA: "La representación de los movimientos y rebeliones populares en el cine argentino: el fenómeno del Cordobazo". Págs. 12-13.

la ventaja de poder exhibirse solo algunos de los cortos que pudiere ser más útil o adecuado al contexto en que el material era proyectado.

De todos ellos, podemos destacar el realizado por Pablo Szir (otro cineasta asesinado por la Dictadura militar) que tituló *Testimonio de un protagonista* basado en la narración de un supuesto participante del "Cordobazo" . En este corto el presunto obrero va relatando su trayecto cotidiano desde la casa a la fábrica y expresando los distintos estados de ánimo que guían su andar.

A este relato se superponen imágenes de archivo de las protestas del mayo cordobés y las secuelas en las calles y los negocios en los días posteriores, en segunda instancia continua con la presencia de una cámara que desde un vehículo en movimiento acompaña como un testigo silencioso al personaje histórico que relata los sucesos. La pregunta y la respuesta que este pronuncia en las imágenes que cierran el corto ("¿Qué pasará cuando cada uno de nosotros tenga un revolver?", "el 29 de mayo en Córdoba les declaramos la guerra") nos refiere a un nosotros colectivo que remarca la lógica de agregación mencionada anteriormente por Romero y la convicción de que el "Cordobazo" era el mojón de una escalada revolucionaria que debía concluir inexorablemente con la toma del poder por parte de los obreros.[29]

Cabe mencionar como dato importante que este esfuerzo colectivo ponderable que aunó la participación de cineastas de diferentes orientaciones ideológicas no volvería a repetirse en todo el periodo estudiado, haciendo naufragar el incipiente Frente de Cineastas, surgiendo a la superficie diferencias que iban desde lo ideológico hasta los celos profesionales.

Fundamentalmente a partir de la década del ´70, cuando el Grupo "Cine Liberación" logra definir con mayor precisión que es el Cine Militante, cuales son sus fundamentos, sus

29 Ibidem. Pág. 15.

objetivos, sus destinatarios , a la vez que se va precisando como será distribuido y exhibido el material, con los riesgos que suponían ejecutar estas acciones desde la clandestinidad, de modo que a aquellos que no estaban dispuestos a sobrellevar una profundización del compromiso militante se les devolvió el corto que filmaron y se les dio libertad para que sus autores hicieran con él lo que les plazca . La mitad de los cortos fueron retirados, en tanto la otra mitad fue exhibida en circuitos clandestinos [30], cada corto independiente del otro, adaptándolo al público y el tipo de trabajo político a realizar. En ese sentido su epilogo de este Frente no fue muy diferente al ya mencionado de la FATRAC.

También como el objetivo de los realizadores del grupo "Cine Liberación" era realizar un trabajo político que sirviera para concientizar y potenciar las acciones de lucha protagonizados por las masas obreras, se intentó (en una tarea conjunta con la naciente C.G.T. de la argentinos liderada por Raymundo Ongaro y de hombres del periodismo como Horacio Verbitsky y Rodolfo Walsh, y de artistas ligados a los sindicatos gráficos como Horacio Carpani) la realización de los cineinformes de la CGT de los argentinos que tenían por objetivo difundir las acciones de lucha obrera para que estas se propagaran en cada fábrica.

De todos modos este esfuerzo no se vio coronado por el éxito, ya que solo alcanzó a producirse uno solo y posteriormente el proyecto se frustró por la intervención que sufrió la C.G.T de los argentinos por parte de la Dictadura de Onganía. El objetivo de estos Cineinformes era complementario al de la exhibición de largometrajes como *La Hora de Los Hornos*, mientras en este se buscaba una labor de concientización estratégica a mediano y largo plazo entre los sectores aún no vinculados al peronismo combativo, los cineinformes venían a cubrir necesidades de coyuntura, en las cuales la labor

30 MESTMAN MARIANO: Op. Cit. Pág. 70.

contrainformativa era crucial para contrarrestar el poder mediático de la Dictadura de Onganía.

Enrique Juarez: Ya es tiempo de violencia

"Patria:
Yo te acompaño a caminar
Yo bajaré los abismos que me digas
Yo beberé tus cálices amargos
Yo me quedaré ciego para que tengas ojos
Yo me quedaré sin vos para que tú cantes
Yo he de morir para que tu no mueras."
(Poema leído por una voz femenina al inicio del documental.)

En este poema que prologa al documental podemos percibir la dimensión épica que la revolución continental americana tenía para estos jóvenes realizadores y el grado de compromiso que esta implicaba, al punto de que Enrique Juárez fue uno de los cineastas luego asesinados por la Dictadura Militar en 1976.

Enrique Juárez que estaba enrolado con el grupo "Cine Liberación" y había sido alumno de Fernando Birri en la Escuela de Cine de *Santa Fe*, tenía un pasado de militancia activa en el gremio de SMATA y había participado como trabajador en la protesta social del "Cordobazo".

En ese filme documental se evidencia el carácter contrainformativo que tenía como finalidad esta realización, al contrastar imágenes de protesta y descontento social del "Cordobazo" y testimonios de los obreros en lucha con reportajes a funcionarios del gobierno que pretendían minimizar la gravedad de los acontecimientos. .

También el documental contextualizaba los hechos ocurridos en Córdoba con imágenes de archivo en las cuales se ven escenas de protesta social y represión en Venezuela, Brasil y República Dominicana, al tiempo que el director advierte desde la voz en off que el pueblo debe preparase para una guerra prolongada y costosa en vidas.

Desde una case práctica filmada de cómo preparar un "cóctel molotov" [31], hasta mostrar estadísticas sobre el hambre en América Latina, todo camino parecía útil para concientizar a las masas sobre la lucha revolucionaria. No obstante, estos realizadores que antes de exhibir el filme colocaban esta sentencia de Fanon "todo espectador es un cobarde o un traidor" pensaban que era su tarea participar y alentar las luchas populares.

No obstante, esta lucha no buscaba fines pedagógicos aleccionadores a las masas (como sí lo hacían los "Cinemanovistas" brasileños) sino que los intelectuales, obreros y estudiantes debían fundirse en las luchas populares por la Liberación Nacional. Por ello, este no era un cine de denuncia tampoco de **"Deconstrucción",** iba mucho mas allá, buscaba poner el cine al servicio de las luchas populares. Para ello, se debía romper los contactos con el cine de tipo comercial, y por esa razón la idea de filmar clandestinamente prescindiendo de medios y donde los actores son los mismos hombres que deberían constituirse en la vanguardia de la lucha contra la dictadura militar: el pueblo.

El generoso apoyo financiero de el líder del movimiento en el exilio posibilitó que estas realizaciones pudieran exhibirse con relativo éxito de audiencia en villas y en fábricas en donde encontraban un público predispuesto y receptivo deseoso del fin de la Dictadura, de que se le pusiera fin a la proscripción del peronismo y de que retornara el líder del movimiento exiliado. En ese sentido Octavio Getino estimó en 300.000 las personas que presenciaron *La Hora de Los* Hornos [32], cifra que en mi opinión particular me parece un tanto exagerada

---

31 SADOUL GEORGES: Op. cit. Pág 515.

32 GETINO OCTAVIO. Op. Cit. Pág. 49.

debido al carácter clandestino en que se debían realizar estas exhibiciones, o en todo caso los niveles de represión no eran tan altos para impedirlas.

No obstante, este cine tampoco estaba libre de contradicciones, el hecho de que en *La hora* de los hornos sus autores juegan con la intensidad dramática, dirigiéndose a los sentimientos y a la emotividad de sus ESPECTADORES, al convertirse en un espectáculo se borra el efecto que se pretendía buscar: "armar racionalmente" al militante.[33]

Otra realización del Grupo "Cine Liberación" fue *El camino hacia la muerte del viejo Reales* (1968-1971) de Gerardo Vallejo, alternando documental y reportaje vivido, traza una crónica de la explotación y la dependencia padecida por el campesinado azucarero de Tucumán [34].Siguiendo la vida de un viejo militante de los campesinos azucareros y reflejando la crisis por cierre masivo de Ingenios producida durante el gobierno de Onganía. El filme fue exhibido clandestinamente en casa de familia, ingenios y barrios pobres teniendo amplia y masiva repercusión.

También Vallejos realizó un trabajo periodístico para la televisión universitaria en Tucumán en el cual testimoniaba mediante informes la lucha de los trabajadores azucareros nucleados en la FOTIA (Federación Obrera de los Trabajadores de la Industria del Azúcar).

33 ROSADO MIGUEL ANGEL: Op. cit. Pág. 146-147
34 Ibidem. Pág. 147.

Operación masacre

"Pasaron años
Y vinieron
Los que organizan la victoria
Todos hablaron pero entonces
Un hombre se calló la boca"

(Letra de Juan Gelman interpretada por Juan Cedrón cantante y hermano del cineasta, esta Música (Balada de un hombre que se calló la boca) fue la banda sonora del filme Operación Masacre.)

También en un filme que intentaba glorificar la lucha de la denominada "Resistencia Peronista" la obra en carácter de ficción pero basada en hechos reales de Jorge Cedrón *Operación Masacre*(1972) sobre una investigación del periodista Rodolfo Walsh. Justamente Cedrón sería uno de los pocos de este grupo que mostró disposición para colaborar con el grupo "Cine de La Base".

Los motivo por los cuales Cedrón se decidió a realizar este filme fueron:

"Después de profundizar entendí que la de 1956 fue una pauta concreta: aquellos fusilados fueron los padres de los combatientes que posteriormente aseguraron el retorno del pueblo al poder. Este fusilamiento fue el arranque de l a resistencia de la clase trabajadora".[35]

El filme se inicia con una reconstrucción de los hechos que derivaron en los fusilamientos en un basural de José León Suárez, esta reconstrucción es realizada por una de las victimas que pudo sobrevivir a ella Julio Troxler, quien describe en detalle cómo fueron las ejecuciones y quienes eran

35 PEÑA FERNANDO MARTÍN: "El cine quema": Jorge Cedrón. Editorial Altamira. 2003. Pág: Pág. 73-74.

las víctimas, la mayoría activos representantes de la resistencia peronista.

Posteriormente Troxler evoca acompañado de imágenes de archivo documentales los años del peronismo, pondera a Perón como el artífice de haber logrado liberar a nuestro país de la dependencia y a Eva Perón como promotora de políticas que beneficiaron a los más humildes destacando que todo esto era conocido por los peronistas, pero lo que no sabían era lo que el peronismo había significado para sus enemigos. Al tiempo que Troxler expresa esto, se proyectan imágenes de los bombardeos de junio de 1955.

Luego de esta primera parte de carácter documental, sigue la parte dramática en la cual los diferentes actores representan a algunos de los que serían posteriormente fusilados, reconstruyendo los momentos previos que luego derivarían en sus detenciones.

Luego se reconstruye el momento de las ejecuciones y se ve como Troxler se interpreta a sí mismo y reconstruye el momento de su huida, y la escapatoria de otros sobrevivientes. Justamente Troxler sería quien con su testimonio posibilitaría la realización de la investigación periodística de Rodolfo Walsh que tituló *Operación Masacre*, nombre que llevaría posteriormente la película.

En la etapa final se realiza una evocación de las acciones de la "resistencia peronista" que se sucedieron luego de los fusilamientos de 1956 y como los trabajadores peronistas realizaron el duro aprendizaje de enfrentar a los sucesivos gobiernos y a la represión, destacando luego de enumerar algunas de las muchas víctimas de la represión que el bando enemigo ahora también comienza a tener bajas.

Entre las victimas aparecen las imágenes de militares asesinados por la guerrilla y la escena típica del "Cordobazo" en la cual los manifestantes armados con piedras hacen retroceder a la policía montada, en ellas se retoma el carácter de documental y reaparece la voz y la imagen de Julio Troxler que pondera las acciones guerrilleras como "parte de la guerra popular prolongada del pueblo por su liberación nacional".

Pero acaso el testimonio más válido en lo que respecta al problema de la conformación de una cultura popular que se contrapone y combate por la hegemonía a una cultura dominante es el testimonio de Victor Laplace uno de los actores de la película:

"Las mismas armas, los mismos uniformes que se usaban para reprimir, de noche servían para hacer una película con valores opuestos. Es decir subvertíamos los valores".[36]

Es interesante destacar las condiciones de precariedad y clandestinidad en que se realizó el filme, dado que por ejemplo la escena del basural se realizó en la casa de una vecina, las armas eran enterradas en el mismo basural y desenterradas cuando se retomaba la filmación, en tanto la camioneta policial también era pintada para la filmación y luego lavada. Esta modalidad de filmación con presupuestos muy bajos acompañó a Cedrón en todas sus realizaciones.

También es destacable rescatar algunos datos biográficos de Jorge Cedrón, como que al año de haber nacido presenció una balacera por la revolución de 1943, de modo que desde su niñez percibió la violencia política que ocurría en el país. También la influencia de sus padres que hacen de la familia Cedrón un compendio de contradicciones: la madre fervientemente peronista y el padre marxista y exaltadamente antiperonista. A l parecer desde la niñez hasta la juventud pesó más la influencia del padre, por cuanto Jorge Cedrón procuraba alejarse de todo contacto que tuviera que ver con el peronismo.

No obstante, promediando la década del sesenta, el contacto con hombres ligados a la literatura y el periodismo lo fueron atrayendo hacia el peronismo, entre esos escritores estaban "Paco" Urondo, Juan Gelman y el periodista Rodolfo Walsh.

36 Ibidem. Pág: 76-77.

Posteriormente con el auge de las organizaciones guerrilleras militó en la F.A.R y luego en Montoneros, pero no duró mucho allí, porque al decir de su segunda mujer Marta Montero "no se bancaba ser un soldado. Era general o nada".[37]

De modo, que en Cedrón nos encontramos con una personalidad compleja, difícil de clasificar o seguir un hilo conductor coherente en su evolución hacia la militancia: proveniente de una familia de clase trabajadora, acostumbrado a vivir al día, a trabajar en las más variadas ocupaciones, con enorme facilidad para aprender , y con una generosidad que lo llevaba a dilapidar muy rápidamente los ingresos que conseguía, su opción por la militancia política deviene desde su origen en un hogar muy politizado y la profunda sensibilidad que este realizador experimentaba ante lo que consideraba las injusticias del sistema.

Por consiguiente si bien podemos decir que Cedrón acompañó el proceso de peronización de la clase media argentina, el mismo no formaba parte de esa clase social, por otra parte si este realizador tuvo un momento de radicalización, no fue lo suficiente fuerte como para no darse cuenta de los peligros que encerraba la misma y por esta razón cuando se entera del secuestro y desaparición de Haroldo Conti (con quién estaba trabajando el guión de un futuro filme) y de Raymundo Gleyzer en 1976, toma la decisión de partir al exilio, opción que ya había tomado su hermano cantante de tangos Juan que lo esperaba en París.

Perón y el cine militante

A estas producciones se le debe sumar las entrevistas filmadas al General Perón cuyos títulos eran *Perón: actualización política y doctrinaria* y *La revolución justicialista*, en ellos mucho tuvo

37 Ibidem. Pág: 68.

que ver el contacto que tuvo Perón con un Teniente de filiación peronista, dado de baja por esa razón: Julián Licastro quién habría aportado la idea de realizar estos reportajes filmados a l General Perón.

En estos filmes, los destinatarios están mas especificados: la juventud peronista en la búsqueda de formar a los futuros cuadros del movimiento con un fin pedagógico y aleccionador a los fines de lograr el "trasvasamiento generacional" tan mencionado por Perón en aquellos tiempos de exilio, además de lograr restablecer el contacto entre el pueblo peronista y su Líder.

En ellos Perón tuvo una participación activa en la diagramación de la entrevista. En ese sentido una carta del líder exiliado dirigida a Octavio Getino demuestra claramente el objetivo de hacer llegar su mensaje a la juventud cuando sugiere aspectos de cómo debería realizar la entrevista:

"Pienso que la mejor forma de presentar estos temas sería dando a las circunstancias el clima de la mayor naturalidad, como sería por ejemplo: la llegada de un grupo juvenil argentino, lleno de inquietudes y con ese "fuego sagrado" de nuestros muchachos, que me podrían preguntar: como se gestó el 17 de octubre y las elecciones generales, que fueron sus consecuencias." [38]

También en otra parte de la carta que Perón dirige a Octavio Getino, el viejo caudillo se compromete a procurar imprimirle a su alocución un tono vívido para que no se pierda en una fría exposición y para que en lo posible se enriquezca con un dialogo e interrogantes planteados por los sectores de la juventud, incluyendo cuestionamientos a algunas de las líneas de acción seguidas por Perón durante su gobierno.[39] (39)

Octavio Getino ha considerado que estos dos trabajos del Grupo "Cine liberación" fueron un éxito, ya que una multitud

38 MESTMAN MARIANO: Op. Cit. Pág.: 73
39 MESTMAN MARIANO. Ibidem. Pág. 74.

de personas, (Muchas de ellas jóvenes) deseosas de escuchar la palabra del Líder en el exilio asistieron a las proyecciones. Es de presumir quizás, que no esté equivocado y que haya tenido más éxito, a los fines del trabajo político, este tipo de realizaciones que la proyección de filmes más elaborados como *la Hora de Los Hornos, Ya es tiempo de violencia* o *Córdoba: Los caminos de la Liberación*, dado que las masas peronistas podían, observando el filme, retomar el contacto con su añorado Líder en el exilio.

La unidad movil de Rosario: el trabajo político para "armar Racionalmente al militante"

No es casual que uno de los grupos de trabajadores cinematográficos más comprometidos en lo que respecta a difusión y concientización del material por el Grupo "Cine Liberación" sea procedente de Rosario, puesto que fue esta ciudad una de las pioneras en la protesta social que se desató en el país en 1969. De hecho esta comenzó días antes del estallido en Córdoba cuando una serie de protestas estudiantiles fueron reprimidas por el gobierno de turno provocando la muerte de un estudiante y generando la adhesión de los sindicatos más combativos (fundamentalmente la C.G.T. de loa argentinos). Esta protesta recrudecería con mucho más virulencia en septiembre de ese año dando lugar a los episodios que se dieron en llamar "rosariazo".

También Rosario fue una de las sedes principales del evento cultural protagonizado por muchos trabajadores de la cultura conocida como "Tucumán Arde" recordando que también en aquella provincia del Norte argentino comenzaron acciones de protesta social motivadas por el cierre masivo de ingenios y donde surgió el primer foco guerrillero en Taco Ralo con un grupo de insurgentes identificado con el peronismo. De modo que, estos cineastas que no produjeron ningún filme, fueron fundamentales para su difusión encontrando un contexto propicio para desarrollar esta labor.

En lo que respecta al trabajo político los pasos hacia la elaboración de una conciencia revolucionaria en los asistentes a los filmes-acto, los miembros del grupo "Cine liberación" señalan:

"El primer paso en el proceso de conocimiento es el contacto con el mundo exterior, la etapa de las sensaciones" (en una película el fresco vivo de la imagen y el sonido). "El segundo es la síntesis de los datos que proporcionan las sensaciones, su ordenamiento y elaboración, la etapa de los conceptos, de los juicios, de las deducciones" (en el filme el locutor, los reportajes, las didascalias o el narrador que conduce la proyección-acto) y la tercera etapa, "la del conocimiento. El papel activo del conocimiento sensible, racional, sino lo que es todavía mas importante, en el salto del conocimiento racional a la práctica revolucionaria".

En otras palabras el corazón mismo de la teoría materialista dialéctica que une pensamiento y acción "en las proyecciones del filme-acto, la participación de los compañeros, las proposiciones de acciones que surjan, las acciones mismas que se desarrollen a posteriori". Por tal razón el Tercer Cine es por definición un cine inconcluso a desarrollarse y completarse en el proceso histórico de liberación.[40]

Para ello, al grupo de "Cine Liberación" no le resultaba ajena la organización que le permitiera optimizar el rendimiento del trabajo político como lo demuestra un informe presentado en el 2° plenario de la actividad desarrollada por la unidad móvil Rosario durante 1970 y sus planes para 1971. En el se estipula para el trabajo político la utilización del material en tres grupos: 1) Grupos intelectuales (artistas y profesionales) 2) Grupos Estudiantiles (universitarios y secundarios) y 3)

40 MESTMAN MARIANO: Ibidem. Pág. 287.

Grupos Trabajadores (zonas barriales y villas: trabajadores y juventud). Grupos Sindicales. [41]

Los objetivos diferían notoriamente según que grupo fuera el destinatario: en el caso del primer grupo (intelectuales) lo que se buscaba era lisa y llanamente la recaudación de dinero. Esto se debe a que sus destinatarios eran intelectuales radicalizados, que ya tenían un convencimiento y por lo tanto no era necesario realizar un trabajo de concientización.

De manera qué solo se lograba muy puntual y parcialmente era reorientar a miembros de la izquierda más radicalizada a una tendencia más nacionalista coherente con la filiación ideológica del grupo "Cine Liberación". De hecho a la hora de realizar el análisis de los resultados se pondera el éxito económico por sobre el político. Se estima como valido lo obtenido como recaudación que permitía cubrir los gastos, no solo de esta proyección sino de las que se realizarían ante los otros grupos.

En cambio el objetivo político de promover el debate entre los concurrentes se vio coronado por el fracaso. Las razones que esgrimen quienes redactan estos informes es la falta de experiencia para conducir y orientar los debates, el hecho que solo se trabajara la primera parte que era menos debatible y discutible y que provocaban reacciones entre el público como " son cosas sabidas" y "que mas se puede agregar", otra razón era que no se debatía porque las proyecciones terminaban muy tarde o por " razones de seguridad" o en su defecto la formulación del debate se estipulaba para los días subsiguientes.[42]

En lo que respecta al segundo grupo (universitario y secundario) el objetivo era netamente político: tener acceso a los grupos que se movían dentro de la vanguardia del peronismo (que por medio de las entidades estudiantiles eran

41 MESTMAN MARIANO: Ibidem. Pág. 61.

42 MESTMAN MARIANO: Ibidem. Pág 62.

las convocantes) y reclutar militantes. En este caso los objetivos económicos eran secundarios aliviados por la recaudación generada por las proyecciones del primer grupo.

A la proyección de estos filmes asistían entre veinte y cuarenta personas, pues se consideraba que ese era el número necesario para el aprovechamiento del trabajo político. Pese a que las reacciones del público eran mas efusivas que en el caso del grupo de intelectuales estas no se traducían en la inquietud por generar un debate, dando la impresión de que la película "lo dice todo" entonces la mayoría optaba por marcharse una vez finalizada la proyección quedando solo unos pequeños grupos debatiendo algunos de los aspectos del film.

No obstante los redactores del informe destacan haber podido obtener numerosos contactos políticos y posibilidades de trabajo conjunto en otras áreas. En ese sentido las proyecciones sí cumplían su objetivo por cuanto este constituía además un pretexto para el encuentro de las vanguardias revolucionarias y la planificación de acciones conjuntas.

También deben destacarse las proyecciones masivas que alcanzaron números bastante significativos sobre todo en el ámbito universitario cuya mayor concurrencia se dio en Matemática (650 personas) en la primera función. Finalmente se destacan algunos éxitos en proyecciones en distintos ámbitos del Interior del país, augurando buenas perspectivas en el trabajo de concientización. [43]

En lo que respecta al tercer grupo (trabajadores, sindicatos y villas) el objetivo también era netamente político pero a diferencia del segundo grupo el mayor esfuerzo estaba puesto en la concientización. Los redactores destacan el impacto emocional que provocaba en este grupo de espectadores: llantos, comentarios en voz baja, aplausos en las apariciones de Evita y de Perón, en tanto el reportaje al General Perón fortalece la imagen de este ante el público. Pese a destacar más

43 MESTMAN MARIANO: Ibidem. Pág. 64.

las reacciones emocionales por sobre la posibilidad de plantear un debate los redactores han observado progresos en ese aspecto con la continuidad de las proyecciones y recomiendan la realización de nuevos trabajo del tipo de "La hora de los Hornos" y su proyección en las villas. [44]

En total pudimos contabilizar tres documentales "La hora de los horno" y "El camino hacia la muerte del viejo reales", "Ya es tiempo de violencia", la producción colectiva de cortometrajes "Córdoba: Los caminos de la liberación" un filme de ficción "Operación Masacre" el intento frustrado de los cineinformes de la C.G.T. de los argentinos y los dos documentales de entrevista al General Perón, lo cual demuestra que este fue el periodo mas activo del grupo de "Cine Liberación"

Mientras el Grupo "Cine Liberación" se transformaba en órgano de propaganda a favor del retorno del peronismo y de resistencia a la Dictadura Militar, otro grupo de cineastas alineados en corrientes ideológicas de izquierda comenzaba a producir un cine político (también clandestino) de resistencia a la Dictadura Militar pero que no adhería al retorno de Perón, al cual veía como un obstáculo en el camino a sus propósitos revolucionarios.

El grupo "Cine de la Base" se presentaba de la siguiente manera en una declaración de 1970:

"Cine de la Base está compuesto por cineastas, actores, obreros de las fábricas, y estudiantes, los cuales, desde diferentes tendencias del peronismo revolucionario o de la izquierda militante han confluido en el grupo, como en una base de operaciones para desenmascarar a los dirigentes sindicales traidores y colaborar con el esfuerzo de la clase obrera para identificar el enemigo interno y luchar por el socialismo, con la estrategia de la guerra popular de larga duración". [45]

Esta verdadera declaración de principios sirve para aclarar dos cuestiones: en primer lugar las diferencias ideológicas que el

44 MESTMAN MARIANO: Ibidem. Pág. 66.
45 MESTMAN MARIANO: Ibidem. Pág. 290.

grupo "Cine de la Base" tenía con el "Grupo Cine Liberación" , ya que mientras el primero dirige la centralidad de sus ataques contra la denominada burocracia sindical, y apunta a fortalecer a los sindicatos combativos clasistas y del peronismo revolucionario, el segundo centraliza su lucha en hostigar, debilitar y desgastar a la Dictadura Militar para posibilitar el retorno de Perón y no menciona en ningún momento la actitudes "traidoras" de la dirigencia sindical y por el contrario pondera las acciones llevadas a cabo por los sindicatos en el marco de la denominada "resistencia peronista". En segundo lugar una coincidencia estratégica que seguramente tiene que ver con la percepción común de ambos sectores intelectuales que se nutrían de la experiencia de la guerra revolucionaria en Cuba, Vietnam y Argelia al plantear la necesidad de afrontar una guerra popular prolongada.

A fines del sesenta se forma el grupo "Cine de la Base" con realizadores vinculados al PRT (Partido Revolucionario de los Trabajadores), cuyo brazo armado sería la organización guerrillera ERP (Ejército Revolucionario del Pueblo) pero que no recibirían ningún tipo de apoyo económico de estos y por ende deberían sortear un sinfín de limitaciones para concretar la realización de los filmes y que además solo pudieron exhibirlos en lugares muy puntuales (alguna villa determinada, alguna fábrica específica) .

Por el prestigio que tenia Gleyzer en el exterior parecían tener más difusión y resonancia en el extranjero. De hecho uno de los cineastas más admirados por Gleyzer era el sueco Joris Ivens quién alentó a Gleyzer para que realizara el filme de desenmascaramiento de" la burocracia sindical traidora", tal como la mostraría en el filme de Raymundo *Los Traidores*.

En lo que respecta al trabajo político a realizarse en cuanto a la distribución exhibición y recaudación del material fílmico, este no difería en mucho al modus operandi del Grupo "Cine Liberación": exhibiciones en ámbitos de clase media alta, en donde el objetivo principal era recaudar dinero, exhibiciones gratuitas en sindicatos, y barrios populares. La diferencia era que los mecanismos, la regularidad y fundamentalmente los fondos que lo financiaban estaban más aceitados y aseguraban al Grupo "Cine Liberación" un trabajo político más eficiente y que le permitiría una incorporación mucho más masiva a las vanguardias políticas.

De este modo, vemos dos grupos que postulan un cine político comprometido con la búsqueda de transformar el orden social imperante, pero que divergen en el papel que cabía a Perón y a los dirigentes sindicales dentro de ese proceso.

El miembro más destacado del grupo "Cine de la Base" fue sin duda Raymundo Gleyzer, quien comenzó sus filmaciones promediado la década del sesenta, mostrando la pobreza de un Brasil en plena Dictadura, para luego recorrer el Interior de nuestro país (Córdoba, San Luis, Catamarca) dejan testimonio de la explotación que sufrían sus compatriotas. Posteriormente viajó a México donde produjo un memorable documental: *México: La Revolución Congelada* que mas allá de mostrar las prácticas corruptas del partido gobernante (el PRI) parecía una advertencia y una crítica hacia el populismo "paternalista y burgués" que encarnaba Perón y por ende nunca estaría de acuerdo con su retorno.

Anteriormente Gleyzer quiso realizar un documental de apoyo al triunfante gobierno de Allende en Chile pero este se frustraría, aparentemente (según lo describe Alvaro Melián integrante del Grupo "Cine de la Base") boicoteado por los miembros del grupo "Cine Liberación" aconsejando a quienes dirigían Chile films que no los contrataran con el argumento de que la gente del Grupo Cine de la Base tenía una filiación trotskista poniendo en evidencia las irreconciliables diferencias que separaban a la principal organización guerrillera peronista: Montoneros, de la principal organización armada no peronista: el ERP.[46]

46 PEÑA FERNANDO MARTÍN VALLINA CARLOS: "El Cine Quema": Raymundo Gleyzer. Ediciones de la Flor. Segunda edición. Año 2006. Pág 82.

Del cine político en el poder: dejar o no dejar la clandestinidad

Los años ´70 traerán un recrudecimiento del accionar guerrillero, un proceso de retirada de las Fuerzas Armadas y la inminencia de un retorno de Perón que empezará a ser visto por muchos (aún los antiperonistas) como el último garante de un proceso de pacificación para evitar una guerra civil que, de otro modo, sería inexorable.

En un contexto de violencia política a la orden del día, con asesinatos de dirigentes sindicales (Vandor y Alonso) y de un ex presidente (Eugenio Aramburu) las organizaciones armadas sentían que contaban con el aval de Perón y que nada ya las detendría hasta la toma del poder.

La obra cumbre del grupo "cine de la base": *Los traidores*

De modo que los primeros años de la década del setenta serán los más pródigos en el género del cine político, incrementando el compromiso de estos cineastas con sus trabajos. En el periodo comprendido entre 1970 y 1973 verán la luz filmes como *Traidore*s (referido a la actuación de la burocracia sindical en relación con la defensa de los derechos del trabajador) en el cual su realizador Raymundo Gleyzer evaluó que era más efectivo incursionar en un género de ficción en el que se podían representar mejor las acciones gangsteriles de la burocracia sindical utilizando un genero de cine más popular y sensible llegar con mas fuerza a las masas y un documental en cortometraje sobre el accionar del ERP respecto a la toma del frigorífico *Swift*, ambos producidos por el grupo "Cine de la Base".

La llegada a las masas populares era un tema que obsesionaba a Gleyzer que había proyectado la realización de Fotonovelas un genero con el cual esos sectores estaban familiarizados y cuya ventaja además era su bajo costo económico.

Al respecto el mismo Gleyzer decía:

"[...] Y cuantos obreros, mientras van de regreso a sus casas en los trenes o en los ómnibus, leen sus fotonovelas. Y es un desastre. Leen toda clase de porquerías. Bueno, que lean *Los Traidores*. Y como cuesta barato, y es una historia amena, hay un romance...bueno, la ideología entra también por ahí. Nosotros creemos que todos los elementos son válidos. Así también la fotonovela y todos los medios de propaganda".[47]

No obstante, esta aspiración, no pasó de ser un proyecto inconcluso de este realizador.

Por consiguiente, este grupo de cineastas pertenecientes a la pequeña burguesía intentaban, mediante el uso de un lenguaje cercano a los obreros, que incluía burlas y escenas farsescas hacia la burocracia sindical, o los supervisores de la fábrica, considerando que el humor tiene un poder de subversión muy fuerte, si se lo sabe emplear, en tanto ayuda a eliminar el miedo que el desafío a lo establecido genera. No debemos olvidar que los sectores populares han tendido históricamente a expresar su descontento social y su confrontación con los sectores dominantes caricaturizándolo mediante representaciones en donde la burla y la farsa cumplen un rol de preferencia.

También el Grupo Cine de la Base logró obtener la filmación de la conferencia de prensa dada por los guerrilleros del

47 Ibidem. Pág. 168.

frustrado intento de fuga de la Cárcel de Trelew (1972) y que pocas horas después serían fusilados, en este filme documental se hace claro el sentido contrainformativo del mismo con el objetivo de rescatar la palabra de los guerrilleros y contrarrestar lo informado por los medios controlados por la Dictadura Militar. De modo, que en el filme puede observarse testimonios de guerrilleros Montoneros y del E.R.P que de esta manera pudieron expresar el sentido de sus luchas, sus objetivos, y los puntos de convergencia entre ambas organizaciones armadas.

También Gleyzer filmó los Congresos del F.A.S (Frente Antiimperialista Socialista) en 1.973 y 1.974. Gleyzer contribuyó en gran medida a la organización de algunos de estos Congresos, algunos reunieron a figuras muy destacadas del ámbito sindical e intelectual, tales como Rodolfo Ortega Peña, Agustín Tosco y Silvio Frondizi. Lamentablemente el material que se filmó en aquellos Congresos se perdió en su mayoría.

De modo que la producción total del Grupo "Cine de la Base" es de cinco cortos de tipo documental y un filme de ficción en la etapa más activa de estos realizadores.

En ellos predominaba un concepto que podría denominarse de "guerra mediática", en al cual la función de este cine político era constituirse en una fuente de contrainformación para que las masas supieran lo que "realmente estaba pasando" y contrarrestar la influencia de los medios masivos controlados por la Dictadura.

He aquí una primera y gran contradicción se pretendía llegar a las masas, pero filmando de modo clandestino su acceso a los supuestos destinatarios quedaba seriamente limitado.

La realización mas importante del "Grupo Cine de la Base" fue sin duda "Los Traidores" (1973) que en su Declaración de 1973 se refieren al contenido de la película:

"Los *traidores* es una película sobre la clase obrera argentina, sobre sus luchas y dificultades para construir una ideología revolucionaria. Es una reflexión política sobre las contradicciones en el seno del movimiento sindical, una denuncia que expone los métodos usados por una burocracia corrupta y pone de manifiesto su unión con la burguesía".[48]

En lo que respecta al objetivo del filme la Declaración de 1973 refiere:

"Servir de instrumento político en la lucha de clases de los trabajadores" por ende su difusión debía trascender el campo estrictamente cinematográfico. Para tal fin el grupo "Cine de la Base" impulsa la creación de un circuito extensivo que regularmente "proyecte películas en las bases". Para lo cual se propone "la creación de filiales del "Cine de la Base" en el interior y "crear equipos de producción de nuevos filmes y exhibición de los ya existentes en Comités de Base, Unidades Básicas, sociedades barriales y villeras, sindicatos, organizaciones políticas y estudiantiles adhieran o no al F.A.S".[49]

Por otra parte, luego de poder observar el filme de Raymundo Gleyzer "Traidores" no coincido totalmente con las críticas de excesiva estereotipación de los personajes y de maniqueísmo, tampoco encuentro tal subestimación al entendimiento de sus destinatarios: la clase obrera. Sí, es cierto que por ser un trabajo militante se esmeró demasiado en mostrar la faceta "gangsteril" (por lo demás real) de la burocracia sindical peronista, encarnada por José Ignacio Rucci, Augusto Timoteo Vandor o Lorenzo Miguel (quiénes de alguna manera estaban representados por el personaje del dirigente ficcional de Barrera interpretado por el músico Victor Proncet).

Por esa razón, quizás obvió la gran capacidad de negociación de la burocracia para lograr beneficios modestos pero concretos para la clase trabajadora, que sin lugar dudas percibía y valoraba estos logros. Concretamente la adhesión de Gleyzer al PRT, lo

48 MESTMAN MARIANO: Op. Cit. Pág.290.
49 MESTMAN MARIANO. Ibidem. Pág. 291

lleva a hacer este cine militante, que renunciaba de antemano a un análisis neutral de la situación y, por otra parte, busca fortalecer las posiciones del sindicalismo combativo alineado con esta tendencia: Agustín Tosco y René Salamanca (quién aparece formulando un discurso en la película) por ejemplo.

También notamos, en coincidencia con lo señalado por Mariano Mestman[50] , el esfuerzo de Gleyzer por lograr el apoyo de los sectores del peronismo combativo en la lucha contra la "burocracia sindical", simbolizado en la figura ficcional del padre de Barrera que representaría los orígenes "puros" de la resistencia peronista, en tanto que su hijo representaba a aquellos que teniendo en sus comienzos una posición de lucha , luego se coaligan con la patronal para negociar a espaldas de las bases.

Es interesante la recurrencia del realizador de ligar a varios personajes del filme a los sectores del peronismo combativo, esto puede obedecer a la conciencia de Gleyzer como miembro del P.R.T de que en la provincia de Buenos Aires las posiciones de la izquierda revolucionaria en el ámbito de los sindicatos eran claramente marginales y que debía necesariamente captar el apoyo de esos sectores del peronismo de base. Esto se ve reflejado además en la película cuando se proyectan imágenes de la movilización de la juventud peronista en Gaspar Campos, la casa en la que residía Perón tras su vuelta en 1972 a su residencia en Gaspar Campos en Vicente López y se escuchan consignas tales como "fusiles, machetes, por otro diecisiete" o "acá están estos son los soldados de Perón".

Para corroborar esto, como dato importante, hay que decir que mayoritariamente la película fue observada por sectores vinculados al peronismo, no podía ser de otra manera porque eran esos sectores abrumadoramente mayoritarios (fundamentalmente en Buenos Aires y Rosario) a los que se

50 MESTMAN MARIANO. Mundo del trabajo, representación gremial e identidad obrera en "Los Traidores". 1973. Págs. 12 a 17.

debía intentar convencer. Algo, por otra parte muy utópico por cuanto subestimaba la fuerza del sentimiento de adhesión por Perón y su movimiento en la clase obrera urbana.

Es destacable consignar que en la filmación intervinieron un gran número de actores no profesionales, e inclusive la madre de Raymundo Gleyzer tuvo un papel en el filme: el de la viuda que llora la soñada muerte de Barrera. El actor más renombrado que trabajó en la película fue Lautaro Murúa, quién además había tenido experiencia como cineasta dirigiendo películas como *Shunko.*

Es necesario aclarar además que la idea del guión de la película *Los Traidores* era de Victor Proncet y que Lautaro Murúa había intentado llevarla al cine, pero no encontró la forma de financiarla, de modo que cuando Gleyzer le informó que él iba a hacer la película, Lautaro Murúa, lejos de molestarse, le ofreció su ayuda por cuanto en su forma de ver las cosas era importante que la película "se hiciera", no importando quién la dirigiera. Gleyzer, de todos modos, modificó el guión en forma substancial radicalizándolo mucho más. Por otra parte esto no molestó en modo alguno a Lautaro Murúa que tenía una postura de total confrontación con el peronismo al que consideraba un extraño fenómeno fascista "enquistado en este pobre país"[51] , sintiéndose más cercano a los postulados del P.R.T marxista.

En tanto la filmación de un corto sobre la toma del frigorífico *Swift* y el secuestro de un Cónsul inglés procuraba simbolizar un acto de "justicia popular", por cuanto el funcionario fue liberado a cambio de la entrega de alimentos a los obreros del frigorífico en huelga. En el primero de ellos se alternan entrevistas realizadas por los medios de comunicación oficial con un Comunicado del ERP en el cual se señalan las razones que motivaron este secuestro, identificando al gerente de la multinacional como un agente del imperialismo y representante

---

51 PEÑA FERNANDO VALLINA CARLOS: Op cit. Pág. 134.

de una de las empresas que según el comunicado mas explota a sus trabajadores, y que el pago con alimentos y frazadas a los trabajadores era solo una reparación momentánea, pero que las acciones revolucionarias deben continuar porque las multinacionales retomarán más temprano que tarde sus prácticas expoliadoras.

Otro trabajo de este tipo fue el asalto por parte de guerrilleros del E.R.P del Banco Nacional de Desarrollo, que estaba situado a pocos metros de la Casa de Gobierno. En este corto se relata como fueron los hechos en los cuales intervinieron dos empleados del Banco que militaban en esta organización guerrillera, son ellos mismos quienes relatan los hechos y como procedieron a provocar el boquete por donde ingresaron los guerrillero y vaciaron la Caja Fuerte. El hecho es justificado como un acto de expropiación de los trabajadores a un Banco que representa intereses del capitalismo concentrado y de las clases explotadoras

La evolución política de Gleyzer en este periodo se pone en evidencia si se la compara con sus trabajos anteriores de un cine de denuncia como el que produjo en *La Tierra Quema* (1961) en el Amazonas brasileño, y otros de carácter etnohistórico como *Ceramiqueros de Traslasierra* y *Ocurrido en Hualfin* (1965) Hasta llegar a uno mas provocador que reflejó su progresiva radicalización ideológica en *México: La Revolución Congelada* (1971) para desembocar en *Traidores*(1973) donde en el final de la película se hace apología del crimen político cuando el líder ficcional de la burocracia sindical es asesinado por un comando guerrillero demostrando hasta que nivel de radicalización política había llegado Gleyzer.

En una posición un tanto más sólida se encontraban aquellos que formaban el grupo "Cine Liberación" que alentado y financiado por Perón y alineado con Montoneros (que según Gillespie constituía la organización armada mas poderosa de

América Latina[52] encontraban bases mas firmes en las cuales apoyarse.

En estos realizadores los niveles de radicalización se mantuvieron hasta el retorno victorioso de Perón, acto seguido comenzaron a bajar el tono de la confrontación.

Del aliento dado por Perón a la Juventud Peronista en general y a los realizadores del grupo "Cine Liberación" en particular son pruebas el discurso pronunciado por el viejo caudillo en una entrevista dada a aquellos.

Llamamiento de Perón a la juventud

"Ellos siempre piensan y titubean por falta de experiencia, yo siempre les digo que le metan nomás ¿Por qué? Porque peor que nosotros, los viejos, no lo van a hacer (...) se van a equivocar, sí bueno. Pero nosotros también nos hemos equivocado en muchas cosas, lo importante es que sepan bien en donde hay que navegar. Siempre poner el punto hacia los grandes objetivos; si esto se hace, el futuro está asegurado. El hecho de que en este momento el peronismo sea mas fuerte que antes está indicando que el movimiento peronista es un movimiento de futuro"[53].

Decimos que su posición era más sólida, porque cuando se produce el retiro de las Fuerzas Armadas y se convoca a elecciones, el triunfo de la formula Cámpora-Solano Lima les permitió salir de la clandestinidad y realizar su cine político con apoyo estatal.

---

52 GILLESPIE RICHARD. Soldados de Perón: Los Montoneros. Oxford. 1982. Pág.23.

53 SVAMPA MARISTELLA: "El populismo imposible y sus actores" (1973-1976). Pág. 387. Tomado de J. D. Perón: Actualización política y doctrinaria para la toma del poder. (Entrevista realizada por el Grupo "Cine Liberación".1971.

Ese poder se personifica en el nombramiento de Octavio Getino como Interventor del Ente de Calificación Cinematográfica en 1973. No sería extraño que uno de los primeros filmes que salieran a la luz fuera *Operación Masacre* de Jorge Cedrón. Ese poder también le permitía demorar la exhibición de *Traidores* de Raymundo Gleyzer porque era considerado una apología del asesinato político...rara acusación, máxime cuando proviene de gente ligada a Montoneros, quienes habían reclamado la autoría en asesinatos de líderes sindicales y militares (Vandor, Alonso, Aramburu). Obviamente, la posibilidad que tenía la Tendencia Revolucionaria del peronismo de acceder al poder político los llevaba a censurar lo que antes aplaudían y más aún auspiciaban.

Otra muestra del cese del tono confrontativo por parte del Grupo "Cine Liberación" fue la automutilación de su propio filme *La Hora de los Hornos* reflejada en el corte de las escenas en las cuales aparece el mítico guerrillero Ernesto "Che" Guevara que se reducen de seis minutos a uno solo. La justificación que dio Octavio Getino fue que el "Che" Guevara movilizaba a la juventud a fines de la década del sesenta, pero que en 1.973 el guerrillero muerto en Bolivia ya "no movilizaba un cuerno, el que movilizaba era Perón" (66).

También sufrió cortes al final de la película la obra de Jorge Cedrón *Operación Masacre* por ser "marcadamente guerrillerista"[54], pero curiosamente se aprobó *Los Traidores* sin cortes. La explicación debe buscarse en razón de que Gleyzer le manifestó a Getino que lo que él necesitaba era el certificado de aprobación para exhibirla en circuitos alternativos dado que no le interesaba difundirla por los canales comerciales, como sí se hizo con las dos películas anteriores.

En torno a Octavio Getino cabe destacar que este cineasta no responde a la caracterización de un hombre de clase media

54 PEÑA FERNANDO: Op. Cit. Pág. 81.

anteriormente antiperonista y luego devenido en militante de ese movimiento político, ya que el realizador testimonia su accionar en torno a los bombardeos de junio de 1955 describiendo detalladamente su activa defensa del gobierno peronista, los episodios sangrientos que iban ocurriendo y como el pueblo peronista reclamaba armas que el ejercito les negó[55]. De modo que no todos los intelectuales pasaron de una posición crítica hacia el peronismo a una posición "entrista", dado que algunos de ellos ya eran peronistas y los siguieron siendo posteriormente.

55 GETINO OCTAVIO En la primavera de los pueblos. Vol. 1. Gobierno de Buenos Aires. Secretaria de Educación.

Declinación del cine político: retorno a la clandestinidad, muerte y exilio

El fin de la efímera etapa del gobierno de Cámpora (en la cual las movilizaciones de la juventud y las "tomas" alcanzaron su pico mas alto) y la aparición en la escena política de la Triple A, motivaron la disolución de estos grupos y el exilio de estos realizadores.

Fernando Solanas: *Los hijos de Fierro*

Fernando Solanas partió hacia Europa, donde en principio no fue bien recibido, por cuanto el peronismo era visto como una expresión del "fascismo criollo", no obstante en el exilio terminó un filme de carácter ficcional *Los hijos de Fierro* (1975) que con un carácter alegórico traza un paralelo entre la historia ficcional del gaucho Martin Fierro que alude a la obra cumbre de la literatura gauchesca y el devenir en la historia real del General Perón, su partida al exilio, la disputa por el poder tras la muerte del viejo caudillo y la supuesta legitimidad que le correspondía al grupo de la Tendencia Revolucionaria de heredar ese poder.

Este filme su carácter alegórico se inicia en el comienzo mismo del filme cuando muestra la partida de Martin Fierro y las de sus hijos que deben desandar un camino de lucha y resistencia en las fábricas , superponiendo permanentemente

Solanas las imágenes del poema gauchesco como una pintura de el país del pasado con el paisaje de la Buenos Aires moderna, pero con continuidad en las luchas de estos obreros de fábrica que con el criterio revisionista que imperaba en la mayoría de los miembros de la Tendencia revolucionaria, reencarnaban las luchas de la "Argentina criolla" por su reconocimiento y liberación. Dicho en otras palabras los hijos de Fierro son los herederos de las luchas de los caudillos federales y las montoneras que renacen en la Argentina contemporánea en las luchas fabriles de las masas peronistas.

Este filme, que Fernando Solanas debió culminar en el exilio, muestra cambios en el tipo de realización que se pretendía mostrar, al igual que en la obra realizada por Octavio Getino *El familiar*, se substituye el documental de denuncia, esclarecimiento y de "armar racionalmente al militante", por filmes alegóricos que mas allá de su calidad narrativa parecen destinados a un pública mas amplio en carácter de ESPECTADORES aprovechando la posibilidad de exhibir libremente estas producciones, habida cuenta de que el peronismo estaba ahora en el gobierno y Octavio Getino era el Director del Ente de Calificación Cinematográfica.

Otro aspecto interesante de la película es cuando el filme aborda el tema de las luchas sindicales entre sectores combativos y la burocracia, es pertinente comparar con la realización de Gleyzer *Los traidores* porque mientras este apunta centralmente a que "esa" es la lucha madre que deben dar las bases combativas, el filme de Solanas atenúa ese enfrentamiento y parece hacer un llamado a la armonía entre los peronistas.

Sin dejar de poner en evidencia las acciones patoteriles y sus maniobras fraudulentas en las elecciones sindicales las folkloriza a tal punto que reduce la lucha de ambos sectores por el control del sindicato a una partida de truco, en la cual, por supuesto , los sectores de la burocracia hacen trampa, hasta que los descubre uno de los jugadores del sector combativo y se genera un nuevo enfrentamiento, el cual finaliza con la moraleja a modo de estrofa ampliamente popularizada del "Martin Fierro": "Los hermanos sean unidos............." como un mensaje de conciliación ,mas no de tensar en mayor grado el enfrentamiento entre las facciones del peronismo.

En contraposición el filme de Gleyzer culmina cuando un comando guerrillero asesina al Secretario General ficcional de la C.G.T Barrera en una verdadera apología del crimen político. Paradójicamente quizás, el asesinato de José Ignacio Rucci no sería obra del E.R.P sino de Montoneros.

Como último dato importante de este filme se destaca la participación de Mario Troxler, aquel que sobreviviera milagrosamente a los fusilamientos de José León Suárez en 1956, y que ya participara con su testimonio en la obra fundacional del Grupo "Cine Liberación": *La hora de los hornos* y en *Operación Masacre*, un activo militante de la Resistencia peronista.

En esta película, Troxler encarna el personaje del hijo mayor de Martin Fierro y en el relato a modo de versos con rima destaca que por ser el mayor fue el que mas sufrió mostrando escenas de tortura, las cuales seguramente no fueron ajenas a la experiencia real de Troxler. El cruzamiento de la vida real con la ficción se matrimonian de un modo indisoluble en caso de Troxler a tal punto que sería asesinado poco después por la temible "Triple A" en el barrio porteño de Barracas.

Mientras Solanas partía a Europa, Octavio Getino debió renunciar a su cargo de Interventor del Ente Cinematográfico. Según Getino, su renuncia se produjo cuando este autorizó la proyección de un filme militante chileno *Voto más fusil,* lo cual, lógicamente con el avance avalado por Perón de la derecha peronista fue considerado una provocación intolerable, tras su renuncia se radicó en Perú y continuó dando impulso al cine de ese país. De modo que las producciones del grupo "Cine Liberación" en este periodo se reducen únicamente a la realización de Solanas y otro filme de carácter alegórico realizado por Octavio Getino denominado *El Familiar* en el cual se traza un paralelo entre una conocida leyenda del Norte argentino que identifica al diablo con un perro que se devora a los trabajadores de los ingenios azucareros y los avances del capitalismo trasnacional imperialista.

En tanto cineastas del Grupo "Cine Liberación" como Enrique Juárez y Pablo Szir serían asesinados por grupos de tareas durante el gobierno de la Dictadura Militar. En el caso de Pablo Szir este estuvo detenido en un Centro Clandestino de Detención en Ciudadela donde habría tenido de compañero de celda a Oesterheld un conocido y comprometido dibujante de Comics, ambos habrían sufrido torturas y se pretendió obligarlos a que realizaran trabajos artísticos favorables a la actuación de la Dictadura militar.

Pablo Szir tuvo ocasión de ver a su familia en un bar antes de ser asesinado. Posteriormente el filme realizado por su esposa *Un largo muro de silencio* (1995) evoca la desaparición de este cineasta, al tiempo que en contraposición a la ampliamente laureada *La Historia Oficial* (1984) desnuda sin piedad las complicidades de los sectores civiles con el poder militar y de un pueblo ampliamente consciente de los horrores que estaban ocurriendo.

Cine militante en el exilio: *Resistir*

También en el exilio, el cineasta Jorge Cedrón filmó el documental *Resistir* en 1978 en el cual se combina la voz en off del realizador con imágenes de archivo de la historia argentina y un reportaje al exiliado Secretario General de Montoneros Mario Firmenich.

Este filme se realizó por encargo de la Conducción Nacional de los Montoneros y Jorge cedrón se contactó con Mario Firmenich por intermedio del poeta Juan Gelman. Durante el reportaje Jorge Cedrón logró que Firmenich desistiera de aparecer vestido con el uniforme militar verde oliva, que tanto le gustaba llevar y que tanto le disgustaba al cineasta.

En este reportaje el dirigente de Montoneros explica desde el porqué del nombre de la organización guerrillera que se remonta a los levantamientos de los caudillos y el gauchaje en siglo pasado, para luego dar su particular visión de la política desarrollada por el Perón desde la etapa fundacional del movimiento justicialista en 1945 hasta llegar a su política pendular cuando estuvo en el exilio: el aliento a las acciones de las organizaciones armadas, el llamamiento a los partidos políticos y finalmente la reconciliación con los dirigentes sindicales.

Firmenich responsabiliza a Perón por todo lo ocurrido en Ezeiza en su fallido retorno, pasando luego a describir (siempre acompañado de imágenes) como Perón los expulsa de la Plaza de Mayo por los ataques que los sectores de la Tendencia hacían contra la figura de su esposa.

Posteriormente justifica la posición tomada por Montoneros respecto al golpe Cívico-Militar de 1.976 comparándolo con el golpe de 1.955 el cual fue resistido por el pueblo peronista, en cambio en este último golpe tal defensa no existió porque según el Líder Montonero el gobierno de Isabel había dejado de ser peronista.

A continuación formula un diagnóstico de la política económica de la Junta Militar señalando que la misma está fracasando e insólitamente le adjudica mérito a su Organización respecto a las primeras acciones de resistencia llevadas a cabo por los sindicatos que se reflejaron en las primeras huelgas , el diagnóstico tan errado en un contexto en que las organizaciones guerrilleras habían sido diezmadas no sería tan dramático si en las mentes de hombres como Firmenich y otros líderes de Montoneros no hubiera estado la llamada contraofensiva que terminó en un fracaso que contribuyó a engrosar la lista de personas desaparecidas y brindó fundamentos a la Dictadura para mantener su política represiva.

Por último es de destacar que noto un implícito reconocimiento de parte del cineasta de la necesidad de recuperar una institucionalidad para el país, quizás porque con una mayor dosis de realismo que Firmenich había tomado conciencia del carácter irreversible de la derrota militar de Montoneros y por ende de la inviabilidad del camino de la lucha armada.

No se percibe en cambio en Firmenich una admisión de esta derrota ni tampoco una autocritica profunda. Por el contrario en él impera un triunfalismo propio de alguien que no estaba en su país y que quedó preso de sus dogmas supuestamente revolucionarios. Cuando menciona la cuestión de la violación de los derechos humanos expresa que acepta que en una guerra puede haber muertes pero estas ocurren como resultado de un combate de Ejército contra Ejército, no con procedimientos llevados contra casas de civiles desarmados.

Este argumento puede ser válido desde el punto de vista de aquellos que plantearon la lucha en el contexto de una fábrica, un aula, un sindicato, pero no es sostenible para un líder de un Ejército guerrillero que planteó la lucha militar en los términos de la guerrilla urbana y que no podía ignorar que la respuesta de los militares argentinos (adiestrados en tácticas de contrainsurgencia con militares franceses veteranos de la guerra de Argelia y militares norteamericanos veteranos de la guerra de Vietnam) iba a ser de ese tenor. Lo que es más grave ignoró las enseñanzas del mentor del movimiento que él y otros ambiciosos jóvenes quisieron heredar: el General Perón decía allá por 1973 que "al terror se lo vence con un terror mayor".

Con respecto a la muerte del cineasta Jorge Cedrón (1980), su deceso aún no ha sido esclarecido, debido a que la versión oficial habla de un suicidio, pero existen sospechas acerca de una posible colaboración de la policía francesa con el Régimen militar argentino para eliminar a los difusores de la "campaña antiargentina en el exterior".

Otra versión responsabiliza a la conducción nacional de Montoneros como cómplice en el asesinato del cineasta, hipótesis no tan descabellada dado que un grupo de guerrilleros Montoneros "arrepentidos" realizó tareas de cooperación con la Junta Militar durante la Guerra de Malvinas, más específicamente en una finalmente fallida acción contra la flota inglesa en Gibraltar.

Por último, una tercera versión refiere a una connivencia entre el Almirante Massera y Rodolfo Galimberti (que para ese entonces se había separado formando una rama aparte de Montoneros de otra rama vinculada con Firmenich) para secuestrar personas y obtener suculentos botines, en el caso de Cedrón su muerte está vinculada al secuestro de su suegro Saturnino Montero Ruiz, un empresario acaudalado que a pocas horas de que Jorge Cedrón muriera, fue liberado.[56]

56 PEÑA FERNANDO: Op. Cit. Pág. 134-139.

El último acto de Raymundo Gleyzer: *Me matan si no trabajo y si trabajo me matan* (1974)

"Y viva y viva la olla popular
Y nunca y nuca tenemos que aflojar!
Ni carne, ni hueso, ni aceite en la sartén
Un poco de agua y polenta de almacén
Ni un guita, ni un mango quincenas sin cobrar,
Por eso ¡qué hacemos? La olla popular
El barrio, la gente, nos trae de morfar
Y viva, y viva la olla popular.
Las jetas de algunos nos pueden asustar,
Los canas, los milicos… ¡que vayan a cagar!
Ni vivos, ni muertos tenemos que aflojar
Y viva, y viva, la olla popular".*

**Canción escuchada durante el corto Me matan si no trabajo y si trabajo me matan interpretada por un cantante desconocido.*

En tanto, entre aquellos que formaron el grupo "Cine de la Base", Raymundo Gleyzer realizó un documental denominado *Me matan si no trabajo y si trabajo me matan* en 1974 en el cual los obreros de una fábrica denuncian que ellos y muchos de sus compañeros están padeciendo una enfermedad (el saturnismo: altos niveles de plomo en sangre) causada por la contaminación en el aire originada en la misma fábrica, el documental tiene testimonios de los trabajadores afectados, la movilización de los mismos y en la parte final aparece la voz del abogado Ortega Peña respaldando la protesta de los trabajadores pocos días antes de ser asesinado por la triple A, hecho posteriormente mencionado en el filme por Gleyzer.

También el filme incluye una animación que pretende explicarles a los obreros didácticamente como la burguesía explota a los obreros ofreciendo una versión muy simple y esquemática de cómo funcionaría la tasa de plusvalía según el marxismo. E n ella se percibe cierta subestimación a la capacidad de entendimiento de los obreros y recae en un exceso de didactismo para explicar algo que los obreros ya conocían.

Es importante destacar, lo que tiene que ver con el aspecto testimonial (que en mi opinión es lo más trascendental) del filme: es decir, los cánticos, las consignas, las ollas populares, toda una serie de elementos que nos permiten observar la forma en que la cultura popular se manifiesta a nivel de resistencia obrera ante la explotación patronal.

En este caso los obreros se enfrentaban a una empresa cuyo dueño era el magnate boliviano Hostchild, pero al menos en el caso específico de esta fábrica la conciencia de sus trabajadores iba mucho más allá de su problema específico, llegando a plantear al final del filme que las fábricas pasen a control de los obreros. Aunque no se sabe si quienes planteaban semejante paso eran representativos del pensar de todos los obreros de la fábrica, está claro que el testimonio es genuino y espontáneo.

Justamente, en torno a este último planteo, podemos suponer por la respuesta negativa, que el mismo no era parte del sentido común del conjunto de la clase obrera peronista, pero sí formaban parte del mismo los cánticos, las consignas, las ollas populares y un sentimiento generalizado de decepción ante el rumbo que iba tomando el gobierno peronista y su viraje cada vez más pronunciado hacia la derecha que se profundizaría en 1.975.

E l aumento de los niveles de represión llegó a tales extremos que el mismo P.R.T le solicitó a los miembros del Grupo "Cine de la Base" que el filme *Los Traidores* no se exhibiera en nombre del Partido. La argumentación era que no estaban a favor del asesinato de los dirigentes sindicales, por cuanto el problema de la burocracia se debía según ellos a la falta de madurez de la clase obrera, que lo que había que hacer, en todo caso, era ayudar a que esta llegue a esa madurez y eventualmente reemplazar a la burocracia por una dirigencia clasista y combativa.[57]

El destino posterior de este cineasta (quien para ese entonces había alcanzado niveles de radicalización rayanas al delirio) fue el secuestro, detención y posterior desaparición tras el golpe militar en 1976.De nada valieron los esfuerzos de sectores vinculados al cine internacional y de la cultura en general para pedir su liberación, las últimas noticias de Raymundo Gleyzer se deben al Padre Castellani quien fue a visitar al Centro Clandestino de Detención del "Vesubio" al escritor Aroldo Conti, y cuando se iba a retirar escuchó la voz de Raymundo pidiéndole que avise a sus familiares que se encontraba bien. 34) Posteriormente el testimonio de un sobreviviente de "El Vesubio" expresó que reconoció a Gleyzer entre los detenidos y describió que fue trasladado junto con Haroldo Conti el 20 de junio de 1976.[58](58)

Cine de la Base en el exilio: Las Tres A son las tres armas

Jorge Denti y Nerio Barberis, también miembros del grupo Cine de La Base en el exilio en Perú filmaron el documental *Las Tres A son las Tres Armas*(1977) en este corto los realizadores leen en una rueda de mate la "Carta Abierta a la Junta Militar de Rodolfo Walsh" acompañando el relato con la simulación de un procedimiento típico de allanamiento y secuestro perpetrado por un Grupo de Tareas, característico de aquellos oscuros años y luego de imágenes de archivo documental que procuran reforzar el contenido de las denuncias vertidas por Rodolfo Walsh en la "Carta Abierta" .

57 PEÑA FERNANDO y VALLINA CARLOS: Op, cit. Pág. 193.

58 Ibidem. Pág. 195.

Posteriormente siguieron con su trabajo militante realizando filmes de apoyo a la Revolución sandinista en Nicaragua. En tanto en el filme *Las vacas sagradas* (1978) de Jorge Giannoni en su exilio cubano, se procura denunciar las complicidades civiles y del poder económico con el gobierno militar.

Conclusión

Respondiendo a las hipótesis planteadas, podemos decir que, en efecto, los alcances (de todos modos limitados) que el cine político pudo ejercer sobre las masas estuvieron acotados al retorno de la democracia y específicamente del General Perón, hasta este periodo y en consonancia con el accionar de las guerrillas estas realizaciones eran vistas, al menos con simpatía por las masas obreras.

Una vez realizada la apertura política estos realizadores fueron replegándose a posiciones más sectarias o mesiánicas. Esto fue mucho más evidente en caso del grupo Cine de La Base que seguía haciendo apología de la violencia política en consonancia con la posición asumida por el PRT y su brazo armado el ERP ante el gobierno de Cámpora: tregua con el gobierno popular, pero continuar acciones militares contra la policía , el ejército y la burocracia sindical.

En tanto el Grupo Cine Liberación tuvo su breve etapa de gloria cuando Octavio Getino fue nombrado Director del Ente de Calificación Cinematográfica, durante su gestión se proyectó a todo el público el otrora cine clandestino, pero esta "primavera" solo duró tres meses, en coincidencia con el retroceso de los sectores de la Tendencia, Getino fue despedido de su cargo y el comienzo de las acciones terroristas de la "Triple A" empujó a los realizadores de "Cine Liberación" al exilio.

En cuanto a la receptividad en las masas obreras, siempre partiendo del alcance limitado de difusión que tuvieron estas realizaciones, se confirma con toda claridad que el grupo "Cine Liberación" tuvo mucho más alcance que las propuestas cinematográficas del grupo "Cine de la Base".

Contando con el respaldo de la logística del movimiento peronista y habiendo tenido la posibilidad de llegar a el poder, al menos en el ámbito especifico del cine, además de contar con un movimiento obrero consustanciado con la causa peronista la obra *La hora de los Hornos* se proyectó exitosamente en villas y fábricas. En cambio el grupo"Cine de la Base" debió realizar los emprendimientos cinematográficos sin el respaldo del PRT que en una visión sumamente miope consideraba que la lucha cultural no era prioridad en la guerra revolucionaria. De modo que sus realizaciones estuvieron signadas por las enormes limitaciones económicas y logísticas en las cuales solo el talento de Gelyzer impidió que quedaran condenadas al fracaso.

De todos modos, cuando las obras del otrora cine clandestino, tales como *La Hora de los Hornos* y *Operación masacre* fueron exhibidas libremente en 1973 con Getino al frente del Ente de calificación Cinematográfico, las mismas tuvieron una repercusión en el público muy inferior a la esperada confirmando que el grado de adhesión a estas películas se manifestó hasta el retorno del peronismo al poder, una vez que esto ocurrió decayó el interés popular por aquél cine.

En lo que respecta a las diferencias entre el grupo "Cine Liberación" y el Grupo "Cine de la Base" fueron insalvables y predominaron las posiciones sectarias por sobre la colaboración, aunque esta ocurrió en algunas ocasiones puntuales, cada grupo expresaba una profunda desconfianza y una visión prejuiciosa hacia el otro.

En cuanto a las continuidades y rupturas, en una mirada comparativa de aquél cine político a las realizaciones actuales, podemos mencionar que hoy existen realizadores que se interesan por las temáticas político-sociales (como ejemplo podemos citar al grupo "Cine Ojo" ," Cine Insurgente", "Cine Boedo", "Ojo izquierdo" que se declaran herederos y tributarios de aquél cine).

Pero en primer lugar ya el cine político no moviliza siquiera a un sector importante de la juventud, en segundo lugar no reivindican la violencia política ni se habla de concientizar "para la toma del poder", mas bien buscan reflejar las acciones de resistencia al modelo neoliberal impuesto desde los años '70: se ha filmado a grupos de Piqueteros, de Cartoneros, de trabajadores de fábricas recuperadas ; movimientos de supervivencia sin mayor potencialidad revolucionaria pero también el estallido social del 2001 conocido luego como el "argentinazo "aunque tampoco parecen poder superar el elitismo de aquél cine que nunca cumplió el supuesto fin de herramienta para el cambio revolucionario.

De todas maneras, sí hay una creciente conciencia en algunos de estos grupos de no caer en el error de las generaciones de cineastas precedentes de querer hablar en nombre del pueblo, hablando en su representación. El aciago destino de aquellos que mesiánicamente se arrogaron su representación seguramente los ha aleccionado.

Por supuesto que hay variantes, los objetivos y fundamentos de la realización de un cine militante varía según el punto de vista de por ejemplo "Cine Ojo Obrero", que está asociado al Partido Obrero, o el de "Cine Insurgente" o "Cine Boedo" sin una identificación partidaria explicita.

Mientras para algunos de estos realizadores es importante el lenguaje utilizado, el cumplimiento de una función contrainformativa, para "Cine Obrero" la cuestión pasa por otro lado: "Nosotros no nos limitamos a informar. Hacemos cine como lo que somos trabajadores" [59]. Y acerca del para qué se hacen las películas "hacemos películas para organizar

59 DE LA PUENTE MAXIMILIANO, RUSSO PABLO: El compañero que lleva la cámara. Pág. 34.

la vanguardia del movimiento de lucha que, en este momento son los piqueteros, ocupados y desocupados".

De modo que, aquí se plantea una diferencia con los realizadores de la década del sesenta y del sesenta, en tanto el objetivo principal era captar el apoyo de la clase trabajadores, considerada la vanguardia revolucionaria, en tanto que en la actualidad los realizadores procuran testimoniar acciones de una pluralidad de actores sociales de intereses y orígenes diversos.

Esto obliga a una visión menos binaria y maniquea de la realidad, más matizada, más humanista y más universal. El contexto histórico así lo plantea, y el desafío para el cine militante es adaptarse a los cambios, si pretende cumplir las funciones y los objetivos que se ha trazado.

De todos modos en estos últimos años ha resurgido un interés por la realización de este tipo de Cine, quizás por el tono reivindicativo que le ha imprimido a aquellos años violentos los últimos dos gobiernos kirchneristas que a la vez han despertado el deseo de otros sectores de rebatir las idealizaciones de aquel pasado.

En ese sentido el surgimiento de diversas publicaciones de carácter periodístico, que reivindicaban las acciones protagonizadas por la guerrilla y sobre todo de lo actuado por Montoneros en donde impera la utilización del pasado reciente en un intento de legitimar acciones y relaciones de poder en el presente revelan la necesidad de un debate profundo, abierto y necesario sobre aquél pasado.

Por el otro lado en respuesta a esto han surgido toda una serie de publicaciones que procuran revitalizar la vieja teoría de "los dos demonios" surgida con el gobierno de Alfonsin y mostrar la activa participación de Montoneros y el Ejercito Revolucionario del Pueblo en acciones de violencia desenfrenada y otras que van más lejos y plantean los beneficios materiales concretos que han recibido los familiares de los guerrilleros aprovechando este trastrocamiento del pasado.[60]

60 REATO CEFERINO: Operación primicia: El ataque de Mon-

Considero en ese sentido que es tarea de la historia la recuperación integral de esa experiencia, con todo lo rescatable y lo condenable que haya generado, no con un fin aleccionador sino para que no se distorsione el uso de ese pasado para legitimar las injusticias y arbitrariedades del presente. Como historiadores sabemos que no podemos ser ingenuos y que el poder siempre ha utilizado la historia para legitimar su presente pero sí debemos pugnar porque exista una verdadera democracia mediática en donde se escuche una verdadera pluralidad de voces y no solo la del un Estado copado por el gobierno de turno y por otro lado las corporaciones que rivalizan con él.

En cuanto al cine militante, el contexto, seguramente ha cambiado notoriamente, hoy el cine no puede reflejar expectativas que no existen. Hoy los jóvenes no hablan de Marx, de Sartre, de Fanon, tal vez porque no los conocen, tal vez porque sus reflexiones y sus invocaciones por el compromiso no tienen la influencia que en otro contexto pudieron adquirir. Sí podemos rescatar que, al menos este cine no realiza apología de una violencia política que terminó trágica y sangrientamente para buena parte de una generación. Si busca el cambio de un orden social que juzga intolerable, al menos ahora saben que la violencia no es el método para transformarlo y, por otra parte que el cine debe ser ante todo arte y luego podemos esperar que ofrezca otros matices.

También quisiera rescatar entre todos estos realizadores a Raymundo Gleyzer, al menos en un aspecto: su entrega y su solidaridad con una causa con la que se puede o no estar de acuerdo, pero en la que sin duda él creía honestamente y por ella luchó y murió, sacrificando una promisoria carrera artística.

Finalmente, mi reflexión final apunta a que la lectura del material bibliográfico, la investigación del tema y los avatares

toneros que provocó el golpe de 1976. Editorial Sudamericana. 2010. Capitulo 9: Paradojas peronistas en oro y bronce. Págs.: 187-256.

de mi vida personal han cambiado mi punto de vista de muchos aspectos de lo ocurrido en el periodo estudiado. En ese sentido, creo que se ha idealizado demasiado a aquella juventud movilizada, dado que en la lectura de la bibliografía he podido detectar no solo esa lógica militarista que fue ganando a las organizaciones armadas, sino un infantilismo e ingenuidad difícil de creer en sectores tan netamente politizados. En definitiva, sin dejar de destacar la entrega y la solidaridad de muchos hombres y mujeres (entre ellos algunos cineastas) que en muchos casos murieron trágicamente y sin olvidar que no todos eran guerrilleros, creo que debemos desterrar esa idealización si pretendemos saldar cuentas con nuestra afiebrada memoria.

Bibliografía

1) ALTAMIRANO CARLOS. Bajo el signo de las masas (1943-1973). Ariel.

2) ALTAMIRANO CARLOS. Peronismo y cultura de izquierda. Siglo veintiuno editores. Buenos Aires, 2011.

3) ANKERMIT F. R. La verdad en la Literatura y en la Historia en la nueva Historia cultural; la influencia del postestructuralismo y el auge de la interdisciplinariedad

4) AMARAL SAMUEL. De Perón a Perón (1955-1973).

5) BRENNAN JAMES: El Cordobazo. Las guerras obreras en Córdoba (1955-1976). Editorial Sudamericana.

6) BOBBIO N., MATEUCCI N. y PASSASINO G.: DICCIONARIO DE POLÍTICA. México. Siglo XXI. (1997)-

7) BOREZCA JEERZY. Historia de Europa. La escalada del odio movimientos y sistemas autoritarios y fascistas en Europa. (1919-1945). Prologo de Juan Pablo Fust. Siglo veintiuno de España Editores.

8) BURKER PETER: Formas de hacer historia. Capitulo 11. Alianza Universidad.

9) CALLISTRO MARIANO. Aspectos del nuevo cine (1957-1968). En historia del cine argentino (autores varios). Centro Editor de América Latina. Buenos Aires. 1984.

10) CARR EDWARD HALLET. ¿Qué es la historia? Editorial Seis Barral. Barcelona. 1981.

11) CORNBLIT Oscar: Karl Pooper. El historicismo y la narración.

12) CUESTA JOSEFINA. Historia del presente. Eudeba Historia Perfiles. Madrid. 1993.

13) CHARTIER ROGER: El mundo como representación en Historia cultural: entre práctica y representación

14) DARNTON ROBERT: La gran matanza de gatos y otros episodios de en la historia de la cultura francesa. Fondo de Cultura francesa.

15) DE LA PUENTE MAXIMILIANO, RUSSO PABLO: El compañero que lleva la cámara.

16) FARGUE ARLETTE. Algunos instrumentos para reflexionar sobre la historia de la violencia. En Anuario IEHS de América Latina.

17) FITZPATRIK SHEILA. La revolución rusa. La revolución de Stalin Capítulo 5. Siglo XXI Editores.

18) FLORIA CARLOS. Militarización y violencia

19) FRASER RONALD. La formación de un entrevistador. En la historia oral (autores varios). Centro Editor de América Latina.

20) GALLO EZEQUIEL. Lo inevitable y lo accidental en la historia.

21) GETINO OCTAVIO. Cine argentino: entre lo posible y lo deseable.2° Edición. Buenos Aires: Fun. Centro integral Comunicación, cultura y sociedad- CICCUS, 2005.

22) GETINO OCTAVIO VELLEGIA SUSANA: El Cine de las historias de la revolución. Aproximación a las teorías y prácticas del cine político en América Latina (1967-1977). Editorial Altamira. Edición 2002.

23) GORDILLO MÓNICA. Protesta, rebelión y movilización: de la resistencia a la lucha armada.

24) GUILLESPIE RICHARD. Soldados de Perón: Los Montoneros. Oxford. 1982.

25) GUINZBURG CARLO: El queso y los gusanos, el cosmos según el molinero del siglo XVI. En archivo de la herejía.

26) HALPERÍN DONGHI TULIO: Historia contemporánea de América Latina. Alianza Editorial.

27) HEALEY MARK ALAN. El Interior en disputa: proyectos de desarrollo y movimientos de protesta en las regiones extrapampeanas.

28) HUIZINGA JOHAN: Hombres e ideas. Ensayos de Historia de la Cultura. Compañía general fabril editora.

29) IGGERS GEORGE. La ciencia histórica en el siglo XX. Las tendencias actuales. Una visión panorámica y crítica del debate internacional. Idea Universitaria.

30) JAMES DANIEL. Violencia, proscripción y autoritarismo: sindicatos burócratas y movilización.

31) KING JOHN: Historia del cine latinoamericano. Tercer Mundo Editores. Bogotá.

32) KRIGUER CLARA. Cine y peronismo. El Estado en escena. Buenos Aires: Siglo XXI, 2009, 270 PÁGINAS.

33) KRIGUER CLARA: "Tire dié". En el cine documental de América Latina. Paulo A. Paranagua (ED) cátedra Madrid. 2003.

34) KUHN T. S. : La estructura de las revoluciones científicas. Breviarios. Fondo de cultura económica.

35) LUSNICH ANA LAURA. "La representación de los movimientos y rebeliones populares en el cine argentino: el fenómeno del Cordobazo".

36) MARANGHELLO. La pantalla y el Estado (1946-1957). En historia del cine argentino (autores varios). Centro Editor de América Latina. 1984.

37) MESTMAN MARIANO. "Mundo del trabajo, representación gremial e identidad obrera en "Los Traidores" (1973).

37) MESTMAN MARIANO. "Raros e inéditos del Grupo "Cine Liberación.

39) NUÑEZ FLORENCIO RAFAEL. Sociedad y política en el siglo XX; viejos y nuevos movimientos sociales. Editorial síntesis. Capitulo 6: Rebelión juvenil y revolución cultural.

40) OLLIER MATILDE MARÌA. La creencia y la pasión: privado, público y político en la izquierda revolucionaria. Editorial Ariel.

41) PADILLA NORBERTO. La Iglesia Católica. En Nueva Historia de la Nación Argentina. La Argentina del siglo XX. Editorial Planeta.

42) PEÑA FERNANDO. El cine quema: Jorge Cedrón. Editorial Altamira. 2003.

43) PEÑA FERNANDO Y VALLINA CARLOS. El cine quema: Raymundo Gleyzer. Ediciones de la Flor. Segunda edición. 2006.

44) PUJOL SERGIO. A. Rebeldes y modernos: una cultura de los jóvenes.

45) REATO CEFERINO: Operación primicia: El ataque de Montoneros que provocó el golpe de 1976. Editorial Sudamericana. 2010.

46) REVEL JACQUES: "Microanálisis y construcción de lo social"

47) REVEL JACQUES: Un momento historiográfico. Trece ensayos de Historia Social. Editorial Manantial. Buenos Aires.

48) ROSADO MIGUEL ANGEL. Entre la libertad y la censura (1968-1983). En historia del cine argentino (autores varios). Centro Editor de América Latina. 1984.

49) SADOUL GEORGES. Historia del cine mundial (puesta al día de Tomás Pérez Tourrent). Siglo Veintiuno Editores. 1972. México.

50) SARLO BEATRIZ. La batalla de las ideas (1943-1973).

51) SILVA ESCOBAR JUAN PABLO: El nuevo cine argentino en los años sesenta. Ideología y utopía del cine como arma revolucionaria. En revista chilena de Antropología Visual N° 17. Santiago. Julio 2011. Págs. 21.

51) SIMMEL GEORGE. Sobre la individualidad y las formas sociales. Introducción y edición Donald Devine. Universidad Nacional de Quilmes Ediciones.

52) STONE LAWRENCE: El resurgimiento de la narrativa. Reflexiones acerca de una nueva y vieja historia.

52) TANNENBAUM EDWARD: La experiencia fascista. Sociedad y cultura en Italia (1922-1945).

53) SVAMPA MARISTELLA. El populismo imposible y sus actores (1973-1976).

Filmografía

La mayoría de las películas han sido ubicadas utilizando páginas de Internet desde donde pueden bajarse muchas de estas películas. En ese sentido en la página de Taringa pude observar películas tales como *La Hora de los Hornos, Las tres A son las Tres armas, Operación Masacre, El familiar*, Perón: actualización política y doctrinaria y *La Revolución justicialista*, *Resistir*, algunos de los cortos de *Córdoba: los caminos de la liberación*, *Ya es tiempo de violencia* y *El largo camino* hacia *la muerte del viejo Reales.* Por su parte pude adquirir de la videoteca del Grupo de Cine Alavio un DVD que tiene compilados todos los trabajos cinematográficos de Raymundo Gleyzer, en este DVD pude observar: "*México la revolución congelada*, los comunicados del ERP sobre el asalto al Banco Nacional de Desarrollo y sobre la toma del frigorífico Swift y el secuestro del cónsul inglés, el cortometraje *Me matan si no trabajo y si trabajo me matan*, en tanto en otro DVD adquirido también al grupo de Cine Alavio pude observar el largometraje *Los traidores.* Por otra parte de la colección de películas del diario "Página 12" pude adquirir y observar *Los hijos de Fierro* de Fernando Solanas.

BARBERIS NERIO DENTI JORGE: *Las tres A son las tres armas* (1977)

BIRRI FERNANDO: *Tire dié* (1958)

BIRRI FERNANDO: *Los inundados* (1961)

CEDRÓN JORGE: *Operación masacre* (1972)

CEDRÓN JORGE: *Resistir* (1978).

Cine de la Base: *Trelew: Ni olvido ni perdón* (1972).

Cine de la Base: comunicado del E.R.P. N° 2. *Asalto al Banco Nacional de Desarrollo.* (1971)

Cine de la Base: Comunicados del ERP. N° 5 y N° 7. *Secuestro del cónsul ingles y pago de rescate en el frigorífico Swift. (1972).*

Córdoba: los caminos de la liberación (1969). Autores varios:

FELDMAN SIMÓN: El negoción (1959).

GETINO OCTAVIO: El familiar (1973)

GETINO OCTAVIO Y SOLANAS FRENANDO: *La hora del hornos* (1968)

GETINO OCTAVIO Y SOLANAS FERNANDO: *Perón: actualización política y doctrinaria* (1971)

GETINO OCTAVIO Y SOLANAS FERNADO: *Perón: la revolución justicialista* (1971)

GLEYZER RAYMUNDO: *México: la revolución congelada* (1971)

GLEYZER RAYMUNDO: *Traidores* (1972)

GLEYZER RAYMUNDO: *Me matan si no trabajo y si trabajo me matan* (1974)

JUAREZ ENRIQUE: *Ya es tiempo de violencia* (1969).

MURÚA LAUTARO: *Shunko* (1961)

MURÚA LAUTARO: *Alias Gardelito* (1962)

VALLEJOS GERARDO: *El largo camino hacia la muerte del viejo Reales* (1971)

Epígrafe

Imagen 1:
"Un pueblo sin odio no puede vencer": La exhibición de carteles con consignas, que precedían a las imágenes procuraban fijar conceptos revolucionarios para "armar racionalmente al militante (tomado del largometraje La hora de los Hornos de Fernando Solanas y Octavio Getino).

I

magen 2:
"Gente de pueblo": La filmación del retrato de la vida de gente simple "de pueblo" era una de las premisas esenciales del cine militante (tomada del largometraje La hora de los Hornos de Fernando Solanas y Octavio Getino).

Imagen 3:
"Reparto de alimentos a los obreros del Frigorífico Swift": Esta imagen muestra el momento en que se reparten los alimentos a los obreros en canje por la liberación del Cónsul inglés secuestrado por el E.R.P.(Ejército Revolucionario del Pueblo).En estos documentales cobraba relevancia el uso del documental como elemento de contra información. Tomado del cortometraje de Raymundo Gleyzer" Frigorífico Swift Comunicado N°5 y 7 del E.R.P.

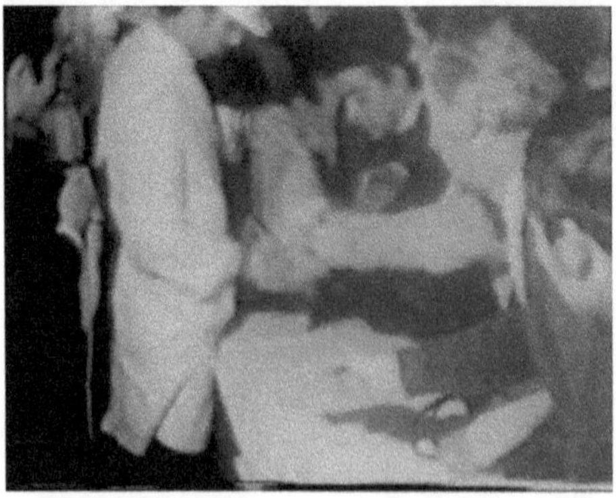

Imagen 4:
"Exhibición de armas secuestradas": En esta imagen los trabajadores del Banco Nacional de Desarrollo vinculados al E.R.P (Ejército revolucionario del Pueblo") cuentan –al tiempo que exhiben las armas utilizadas- como colaboraron en el hecho y los motivos e intencionalidades que lo promovieron.

Nuevamente el corto documental al servicio de la contra información. Tomado del Cortometraje de Raymundo Gleyzer asalto del BA.NA.DE. Comunicado N.° 2 del E.R.P.

Imagen 5:
"Guerrillero asesinado en Trelew": Esta imagen muestra la foto de uno de los guerrilleros que participó de la fuga del Penal de Rawson en 1972 y que daría testimonio documental horas antes de ser fusilado. Nuevamente observamos el uso del documental como arma de contra información. Tomado del mediometraje de Raymundo Gleyzer Ni olvido ni perdón.

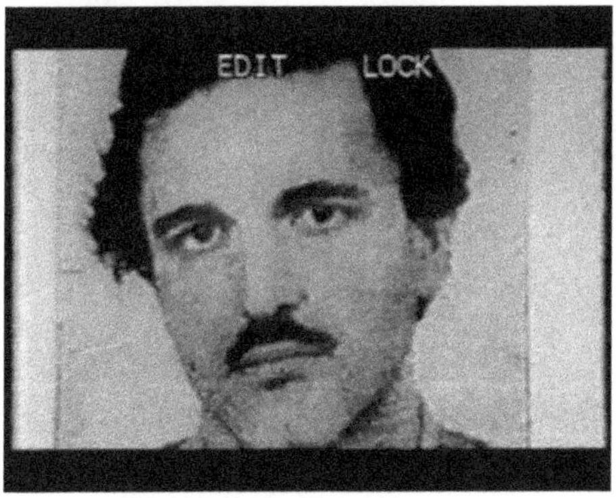

Imagen 6:
"Movilización": Esta imagen refleja la movilización originada por el repudio a los fusilamientos perpetrados en Trelew por parte de la Dictadura de Lanusse." Tomado del mediometraje de Raymundo Gleyzer "Ni olvido ni perdón.

Imagen 7:
"Niño durmiendo en una caja": Esta imagen muy irónica muestra un niño del paupérrimo nordeste del Brasil durmiendo en una caja cuya leyenda dice "Alianza para el Progreso", en ella se pone en evidencia el fracaso de las políticas norteamericanas que apuntaban a las mejorías de las condiciones sociales en América Latina. Tomado del cortometraje de Raymundo Gleyzer La tierra Quema.

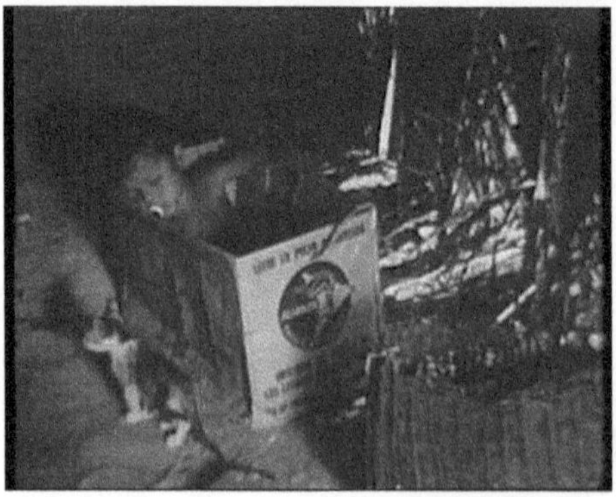

Imagen 8:
"Policía montada retrocediendo": Esta imagen tomada de la protesta social originada en Córdoba en 1969 conocida como el "Cordobazo", aparece recurrentemente en casi todos los documentales realizados por el cine político militante argentino. Tomado del filme Traidores de Raymundo Gleyzer.

Imagen 9:
"Velorio imaginario de Barrera": En esta secuencia en tono de farsa Gleyzer se burla de la moral hipócrita de los sectores corporativos: sindicatos, militares y empresarios. Tomado del filme de Raymundo Gleyzer Traidores.

Imagen 10:

"Asesinato de Barrera": Esta constituye la parte más cuestionada del filme, el propio Gleyzer se arrepintió posteriormente de esta escena, en tanto el P.R.T. Partido Revolucionario de los Trabajadores) se desligó de la realización del filme y no apoyó su exhibición. Tomado del filme de Raymundo Gleyzer Traidores

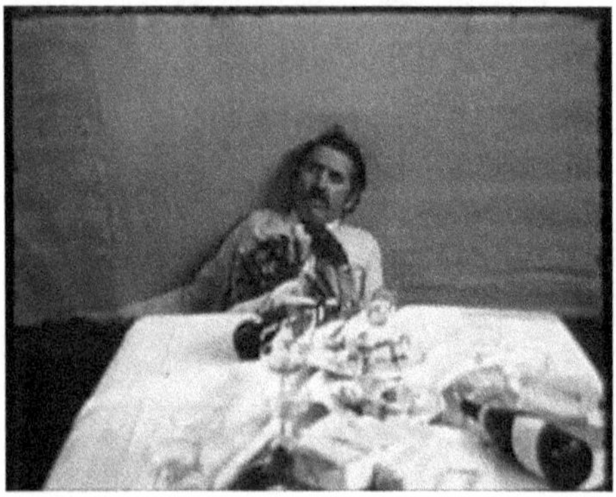

Imagen 11:

"Partido de truco": Esta escena muestra la disputa por el control del sindicato entre los miembros del sindicalismo tradicional y el combativo tras unas elecciones en que los primeros habían cometido fraude, a diferencia del filme de Gleyzer estas actitudes de la burocracia sindical son vistas como parte de los usos y costumbres de esa dirigencia y pese a las diferencias con los sectores combativos no se desconoce su raíz peronista. Tomada del filme de Fernando Solanas Los hijos de Fierro.

Imagen 12:
"Troxler empuñando el arma": Troxler sobreviviente de los fusilamientos perpetrados por la denominada "Revolución Libertadora" en 1956, fue una figura omnipresente en los documentales y filmes del Grupo " Cine Liberación" participando con distinta frecuencia y protagonismo en La Hora de los Hornos, Operación masacre y Los Hijos de Fierro. Tomada del filme de Fernando Solanas Los hijos de Fierro.

Índice

Editorial LibrosEnRed

LibrosEnRed es la Editorial Digital más completa en idioma español. Desde junio de 2000 trabajamos en la edición y venta de libros digitales e impresos bajo demanda.

Nuestra misión es facilitar a todos los autores la **edición** de sus obras y ofrecer a los lectores acceso rápido y económico a libros de todo tipo.

Editamos novelas, cuentos, poesías, tesis, investigaciones, manuales, monografías y toda variedad de contenidos. Brindamos la posibilidad de **comercializar** las obras desde Internet para millones de potenciales lectores. De este modo, intentamos fortalecer la difusión de los autores que escriben en español.

Ingrese a **www.librosenred.com** y conozca nuestro catálogo, compuesto por cientos de títulos clásicos y de autores contemporáneos.

www.ingramcontent.com/pod-product-compliance
Lightning Source LLC
Chambersburg PA
CBHW020708270326
41928CB00005B/321
* 9 7 8 1 6 2 9 1 5 0 0 5 5 *